LES TROIS QUESTIONS

DON MIGUEL RUIZ
BARBARA EMRYS

LES TROIS QUESTIONS

LA VOIE DU POUVOIR INTÉRIEUR

Guy Trédaniel éditeur
19, rue Saint-Séverin
75005 Paris

Du même auteur, chez le même éditeur

L'Art de vivre et de mourir des Toltèques, avec Barbara Emrys, 2015
Les Quatre Accords Toltèques – Cartes Oracle, 2013
La Maîtrise de l'amour, 2011
Le Cinquième Accord toltèque, 2010
Le Cinquième Accord toltèque – Cartes Oracle, 2012
Les Cartes de la voix de la connaissance – Cartes Oracle, 2010
La Voix de la connaissance, 2009

Titre original : *The Three Questions*
Publié pour la première fois par HarperCollins.

Traduit de l'anglais par Olivier Vinet.
ISBN : 978-2-8132-1832-2

www.editions-tredaniel.com
info@guytredaniel.fr
www.facebook.com/editions.tredaniel

Ce livre est dédié à celles et ceux qui ont choisi d'être les héros de leur vie. Il est dédié à tous les rebelles pacifiques qui souhaitent changer leur monde. Ce livre est dédié à celles et ceux qui s'aiment sans condition et qui laissent cet amour pur rayonner dans le monde. Il est dédié à celles et ceux qui dirigent avec compassion, qui osent agir avec bienveillance et qui ne se laisseront pas dominer par la peur irrationnelle. Ce livre est dédié à toutes les femmes et tous les hommes qui agissent avec courage et parlent au nom de ceux qui ne peuvent s'exprimer. Il est écrit pour honorer celles et ceux qui se servent de leur parole pour transmettre des messages d'amour et de respect. Nos remerciements chaleureux vont à nos lecteurs.

Don Miguel Ruiz et Barbara Emrys

Sommaire

Introduction

Question 1 • Demandez-vous : « Qui suis-je ? »

Question 2 • Demandez-vous : « Qu'est-ce qui est réel ? »

Question 3 • Demandez-vous : « Qu'est-ce que l'amour ? »

Introduction

1

Les trois perles de sagesse

Par une journée pluvieuse, il y a de cela bien longtemps, un vieil homme conduisait son chariot sur une route campagnarde. Des nids-de-poule rendaient le trajet difficile et la pluie n'arrangeait en rien la situation.

Soudain, le chariot fut déséquilibré par un trou particulièrement profond et une roue arrière se détacha. Calmant son cheval, le vieil homme sauta sur la route boueuse et s'efforça de remettre en place la roue du chariot. Mais il comprit rapidement que le trou était trop profond et que la roue était trop lourde pour qu'il puisse la soulever. Il était mouillé et avait froid ; il entendit alors des pas rapides qui venaient dans sa direction.

Un garçon de ferme était en train de rentrer chez lui pour souper quand il vit le chariot endommagé du vieil homme, entouré d'une eau qui s'écoulait telle une rivière. Le jeune garçon était grand, fort et serviable. Se saisissant d'un poteau de clôture tombé, il s'enfonça jusqu'au genou dans le trou boueux et cala le chariot. Puis il se mit à réparer la roue.

Tout en travaillant, le jeune garçon parla au vieil homme de ses souhaits pour l'avenir. Il en savait très peu sur le monde, mais il voulait apprendre. Il voulait découvrir qui il était et trouver des réponses aux grands mystères de la vie. Il allait bientôt être un homme et il voulait en connaître davantage sur l'amour. Il affirma que, souvent, il voyait dans ses rêveries de merveilleuses choses qui restaient à venir.

Le jeune garçon rit : « Je suis rarement sûr de savoir si je rêve ou si je suis réveillé ! » Il continua de parler, pendant que le vieil homme écoutait, en silence.

En une heure, le travail fut fini. La roue était à nouveau en place et le chariot redressé. Le vieil homme, rempli de gratitude, fouilla ses poches en quête de quelques pièces. Mais, ne trouvant rien à offrir au garçon pour le dédommager, il lui demanda s'il accepterait à la place trois perles de sagesse, qui, selon ses dires, le rendraient plus riche que n'importe quelle pièce. Alors que le soleil transperçait les nuages sombres et rapides, le garçon sourit. Il savait qu'il ne pouvait refuser la gratitude du vieil homme, quelle qu'en fût l'expression. Et, après tout, il avait beaucoup à apprendre.

« Oui, répondit poliment le jeune garçon, je suis véritablement honoré que vous partagiez votre sagesse avec moi, Monsieur. »

Alors, le vieil homme se pencha vers lui et commença à parler.

« Pour trouver ton chemin dans ce monde, il te suffit de répondre à trois questions. Premièrement, tu dois te demander : “Qui suis-je ?” Tu sauras qui tu es quand tu te rendras compte de ce que tu n’es pas. Deuxièmement, tu dois te demander : “Qu’est-ce qui est réel ?” Tu le sauras quand tu accepteras ce qui n’est pas réel. Troisièmement, termina l’homme, tu dois te demander : “Qu’est-ce que l’amour ?” Tu connaîtras l’amour quand tu prendras conscience de ce qu’il n’est pas. »

Le vieil homme se redressa en enlevant les taches de boue qui étaient sur son manteau. Le jeune garçon ôta respectueusement son chapeau et lui exprima ses remerciements. Il regarda le vieil homme grimper sur son chariot et siffler pour faire signe à son cheval d’avancer. Le chariot fit une embardée, trembla, puis commença à avancer sur la route en faisant un bruit métallique.

Tout en reprenant sa route pour rentrer chez lui, où l’attendait le souper, le jeune garçon jeta un coup d’œil derrière lui et aperçut l’arrière du chariot qui disparaissait parmi les ombres vespérales.

2

Ouvrir la porte

Les histoires nous invitent à réfléchir sur notre vie. D'une manière ou d'une autre, elles illustrent l'existence de tout un chacun. Si une histoire est bonne, elle a le pouvoir de soulever des questions et de nous encourager à chercher des réponses. Si elle est très bonne, elle peut nous habiter et nous mettre au défi de voir la vérité en face. Elle peut nous ouvrir à de nouvelles perceptions. Ce genre d'histoire nous propose une alternative : soit nous nous confrontons à la vérité, soit nous fermons la porte et nous poursuivons notre route, comme avant.

Ce livre est destiné à celles et ceux qui sont disposés à découvrir la vérité. Il est destiné à celles et ceux qui sont disposés à se demander ce qui est réel et à sortir des sentiers battus. *La vie* a envie d'entamer une nouvelle conversation avec vous.

Si votre désir est d'écouter et de changer, votre monde peut être transformé.

Nous autres êtres humains sommes aujourd'hui le fruit de la réaction de notre système nerveux à la lumière depuis des millions d'années. Nos cerveaux se sont perfectionnés, nos aptitudes diversifiées et nos sociétés complexifiées. À n'en pas douter, nous avons laissé notre empreinte sur cette planète. Malgré tout, si l'on nous demandait à quoi ont servi toutes ces années d'évolution humaine, que dirions-nous ?

Dirions-nous que nous nous sommes libérés de l'inquiétude et du conflit ? Dirions-nous qu'enfin nous comprenons comment exploiter pleinement notre potentiel ? Il serait merveilleux de pouvoir affirmer que nos croyances ne provoquent plus d'actions néfastes. Il serait merveilleux d'affirmer que notre esprit ne se lance plus dans des guerres intestines. Il serait formidable d'affirmer que les êtres humains sont devenus bien trop sages pour continuer de s'opposer les uns aux autres. Il serait formidable de pouvoir affirmer tout cela de notre espèce ; mais nous ne le pouvons pas. Tout du moins, pas encore.

Dans un monde idéal, les êtres humains s'entendraient pour le bien de chacun, pour le bien de tous. Dans une communauté idéale, les gens coopéreraient pour que tous puissent prospérer et on saurait apprécier la bonne fortune de chacun. On reconnaîtrait la valeur de la vie et on prendrait soin de la terre qui nous nourrit. Idéalement, on se respecterait, individuellement et collectivement.

Dans une famille idéale, les enfants se sentiraient en sécurité et appréciés. Les parents seraient des enseignants inspirés et des protecteurs vigilants. Les personnes âgées continueraient d'être productives. Bien sûr, les sociétés seraient toujours formées de divers groupes, mais aucune n'essaierait de prendre le dessus sur l'autre. Ensemble, elles formeraient des communautés plus grandes et assureraient le bien-être de chaque citoyen.

Dans ce monde imaginaire, il se pourrait que les gouvernements continuent d'exister. Un gouvernement idéal gère un pays avec respect. Ses dirigeants sont sages et visionnaires. Le Parlement idéal légifère avec conscience et compassion. Ses lois sont claires et justes, et les règles s'appliquent à tous.

Dans ce monde idéal, les gens seraient également capables de se gouverner de manière juste. Qu'entend-on par-là ? Cela signifie que chacun gérerait ses pensées et serait responsable de ses actes. Nous refuserions d'avancer aveuglément dans la vie. Nous verrions les choses telles qu'elles sont, sans nous laisser voiler par nos préférences. Nous ne permettrions pas au passé de l'emporter sur le présent. Notre perception de notre réalité personnelle serait telle celle d'un grand artiste, qui y verrait beauté et équilibre.

Dans un monde idéal, nous ne nous punirions pas à de multiples reprises pour avoir commis une erreur. Nous ne nous apitoierions pas sur notre sort. Nous ne manipulerions pas les émotions. Nous ne colporterions pas de ragots et ne ferions pas la part belle aux drames.

Dans un monde idéal, nous ne serions pas prompts à juger ou à critiquer. Nous ne nous laisserions pas vaincre par la culpabilité et la honte, et ne ferions honte à personne. En d'autres termes, on gouvernerait sa vie exactement comme l'on voudrait être gouverné : avec respect.

Il y aurait beaucoup plus de choses à dire sur ce monde idéal, mais il est important d'essayer de comprendre pourquoi ce monde n'existe pas pour la plupart d'entre nous. Aider le monde à progresser vers son expression idéale serait une tâche trop ambitieuse pour un petit ouvrage mais, individuellement, nous pouvons faire le premier pas. Tout ce que nous autres, êtres humains, bâtissons ensemble requiert à l'origine un peu d'imagination. On peut se poser en victime tragique des circonstances, mais, avec de l'imagination, on peut adopter une autre perspective et constater à quel point nous nous traitons injustement. Le mental, avec toutes ses pensées et tous ses jugements, peut ressembler à notre pire ennemi mais, en le concevant différemment, on peut en faire notre allié. En modifiant son fonctionnement, on peut commencer à changer notre monde.

Nous avons tous des peurs que nous ne nous avouons pas, et nous ne savons pas toujours comment les surmonter. Nous avons besoin d'amour, mais nous ne sommes pas convaincus de le mériter. Nous voulons nous aimer, mais nous ne savons pas comment faire. D'une manière ou d'une autre, il y a en chacun d'entre nous le chaos et la confusion. Nos idées prennent le pas et nos opinions nous intimident. Nous nous laissons prendre à notre propre piège et nous prenons les choses très au sérieux. Nous jouons des rôles qui ne reflètent pas ce que nous sommes vraiment.

Pourquoi faisons-nous cela ? La réponse est que c'est ce que l'on nous a appris, et que nous sommes devenus experts en la matière.

À la naissance, chacun est authentique, mais il est difficile de conserver cette qualité dans un monde où nous sommes soumis à des croyances.

Depuis notre jeune âge, on nous dit ce que nous sommes, comment nous comporter et comment réagir à ce que nous percevons. C'est ainsi que les familles et cultures fonctionnent plus efficacement et que les enfants survivent au sein de celles-ci. Mais ce n'est pas pour autant que ces leçons sont enracinées dans la réalité. On pourrait dire que notre éducation nous apprend à nous fourvoyer. Nous apprenons à mentir.

La vie est vérité et seule *la vie* existe. En utilisant des mots pour décrire la vérité, nous la déformons automatiquement. Par conséquent, un mensonge est simplement une déformation de la réalité. Il se peut qu'il n'y ait aucune mauvaise intention ; malgré tout, nous usons de mensonges à l'encontre de nous-mêmes et d'autrui.

Nous savons tous que les jeunes enfants disent des choses très drôles parce qu'ils disent la vérité telle qu'ils la perçoivent, dénuée de jugement. Les opinions honnêtes, formulées de manière directe, choquent les oreilles des adultes. Pourquoi ? Dans de nombreuses cultures, on considère qu'il est impoli d'énoncer une vérité évidente. On considère parfois que l'honnêteté et l'authenticité sont des attributs propres aux enfants. Il arrive même qu'on les assimile à la folie. La plupart d'entre nous ont appris à mentir en exprimant ce qu'ils voient et sentent. Et, en arrivant à l'âge adulte, nous avons même appris à croire à nos propres mensonges.

En grandissant, notre mental devient fort mais, parallèlement, il se corrompt. Nous nous forgeons des opinions solides, mais qui ne reflètent pas la vérité. Les réactions émotionnelles deviennent déformées quand elles sont régies par les opinions et les croyances. Nous avons été créés par une force aimante, mais nous apprenons même à corrompre l'amour.

Le mot « corruption » fait penser à un délit intentionnel. Mais, quand nous venons au monde, nos intentions ne sont pas corrompues. À notre naissance, nous avons soif de vérité, nous aspirons à l'amour. Il y a corruption dès lors que nous avons foi en des pensées et idées, et non en nos perceptions. La plupart du temps, nous croyons à ce que l'on nous dit et, ainsi, nous perdons notre lien avec *la vie*, avec la vérité. Nous créons des règles et des structures qui se conforment à ce que l'on nous a appris à croire.

L'amour illustre la manière dont nos élans naturels peuvent être empoisonnés par des idées. Trop de gens ont appris que l'amour est conditionnel, qu'il s'accompagne de règles spécifiques, d'engagements. En bref, l'amour est corrompu par des conditions.

Elles ne sont pas toujours énoncées à voix haute, mais on les ressent suffisamment souvent, même entre des personnes dévouées l'une à l'autre.

– Je t'aimerai *si* tu fais ce que je veux.
– Je t'aimerai *si* tu me défends, quoi qu'il t'en coûte.
– Je t'aimerai *si* tu fais ceci ou crois cela.
– *Si* tu me gênes, *si* tu n'es pas d'accord avec moi ou *si* tu me quittes, je cesserai de t'aimer.

Il est incroyable de constater que nous disons ce genre de choses aux personnes qui nous sont chères comme à nous-mêmes. Oui, nous posons des conditions sur l'amour que nous donnons, conditions qui sont souvent trop strictes pour que nous puissions les respecter. En vérité, l'amour authentique n'est pas conditionnel. Pourtant, ce n'est pas ainsi que la plupart d'entre nous ont appris à donner l'amour et à le recevoir.

Quand on pense que l'amour est conditionnel, il devient biaisé, corrompu. Bien sûr, on peut remédier à cette déformation de la réalité, parce qu'elle commence dans le monde virtuel du mental. La réalité virtuelle est un reflet, une interprétation de la réalité première. Le mental nous donne l'impression de connaître tout ce que nous pouvons toucher et voir, mais il ne s'agit que d'une impression. Les idées ne sont pas matérielles. Les croyances ne font pas partie de notre patrimoine génétique. Le mental n'est pas réel et le monde chimérique qu'il crée ne l'est pas davantage.

Aussi, qu'est-ce que le mental ? Et que fait-il ?

Le mental est une fonction du cerveau qui transforme la perception en langage. La manière dont chacun d'entre nous décrit la réalité est unique. Vous avez votre perception ; j'ai la mienne. Et, bien sûr, la différence tient au fonctionnement de notre cerveau ainsi qu'à la perception du monde qu'on nous a apprise.

Quand nous voyons une scène idyllique, par exemple une chaîne de montagnes, des prairies verdoyantes et de grandes étendues de nature, certains d'entre nous pensent au paradis. Cette scène éveille en nous enthousiasme et plaisir. D'autres, en revanche, imaginent des difficultés et une solitude extrême, et réagissent par la peur. Quand certains voient la sérénité, d'autres perçoivent des perturbations. Si l'on nous a appris à avoir peur, il est probable que nous vivions continuellement dans la crainte. Si nous croyons que l'inconnu est dangereux, nous éviterons les nouvelles expériences.

On nous a appris à interpréter ce que nous voyons. On nous a dit ce qu'il fallait croire et nous avons cru à ce que l'on nous a dit. Depuis la naissance, nous nous laissons influencer par l'opinion d'individus, ainsi que du grand public. Notre réalité est constituée d'impressions et d'expériences auxquelles nous accordons un sens et une valeur personnels. Manifestement, elle change constamment, au gré des événements. Notre perception de la réalité est affectée par nos opinions et nos peurs.

Beaucoup de croyances encouragent la peur. Et beaucoup sont influencées par la peur. Cette dernière a eu un impact considérable sur la manière dont nous avons appris à concevoir le monde. Certes, la peur physique est naturelle et essentielle à notre survie, mais il est important de garder à l'esprit que tel n'est pas le cas de la peur irrationnelle. Il est irrationnel de craindre ce qui n'existe pas. Cela peut même être nuisible. Toutefois, nous avons appris à laisser les peurs irrationnelles influencer notre réalité. Nous avons appris à conformer nos réactions émotionnelles à celles des autres et à craindre le fruit de notre imagination.

Il a fallu du temps et de la pratique pour perfectionner ces réactions. Nous avons suivi les règles propres à nos familles et cultures. Nos parents et enseignants nous ont montré comment nous comporter dans un monde composé d'êtres humains, et nous avons intégré ces leçons qui nous accompagnent à l'âge adulte. Celles-ci définissent alors notre comportement. Nous suivons les règles de la société mais, pour la plupart, nous les avons appliquées à notre vie. Nous gérons cette dernière en fonction de lois inventées, de jugements personnels et d'intimidation mentale.

Dans l'enfance, nous avons observé la façon dont notre famille et nos communautés locales étaient régies. Nous avons fait nôtres les protocoles de nos écoles, de l'Église et des instances décisionnaires. Lorsque nous allions à l'encontre des règles, il s'ensuivait généralement un moindre respect de la part d'autrui. Parfois, nous avons subi des pertes beaucoup plus grandes. Nous avons obéi aux règles dictées par la commune, le département et la région, ainsi qu'aux lois nationales. En cas d'infraction, il y avait beaucoup à y perdre. Tout cela a influencé le fonctionnement de notre esprit, et c'est ainsi que l'on peut dire que la manière dont nous gérons notre vie est le reflet de la manière dont les choses sont gérées dans le monde.

Il n'est donc pas surprenant que nous ayons tous une sorte de mini-gouvernement dans notre tête. Le mental définit les règles et le corps physique les suit. Nous sommes disposés à payer un lourd tribut lorsque nous enfreignons les règles que nous mettons en place ; de plus, très souvent, nous le faisons également payer aux autres. À l'instar de la plupart des gouvernements, le mental essaie d'imposer sa loi à autrui.

Quand nous avons conscience de la manière dont le mental fonctionne, nous pouvons transformer notre façon de gérer notre vie. Quand nous voyons comment fonctionne notre mini-gouvernement intérieur, nous pouvons changer les choses. Nous pouvons alors modifier nos lois. Nous pouvons créer ce que nous sommes à même d'imaginer pour notre bien. Nous pouvons mieux prendre soin de notre corps et nous laisser une plus grande liberté d'expression. Nous pouvons en finir avec les sanctions strictes que nous nous imposons, et qui nous empêchent de vivre l'amour comme nous le méritons.

Nous aspirons tous à être heureux. Nous aspirons tous à évoluer. Nous voulons connaître nos travers et savoir comment nous améliorer. Nous aspirons à ce que nos questions secrètes trouvent des réponses et à ce que ces dernières s'appliquent dans notre vie. Nous aimerions découvrir ce qui est vrai.

Nous avons tous besoin de perles de sagesse. Car la sagesse améliore notre relation avec la vie, avec la vérité. Elle nous permet de nous élever au-dessus de nos peurs, de nos croyances. Elle nous donne la volonté nécessaire pour franchir une nouvelle porte, puis la suivante. Notre cheminement commence par trois questions essentielles :

- Qui suis-je ?
- Qu'est-ce qui est réel ?
- Qu'est-ce que l'amour ?

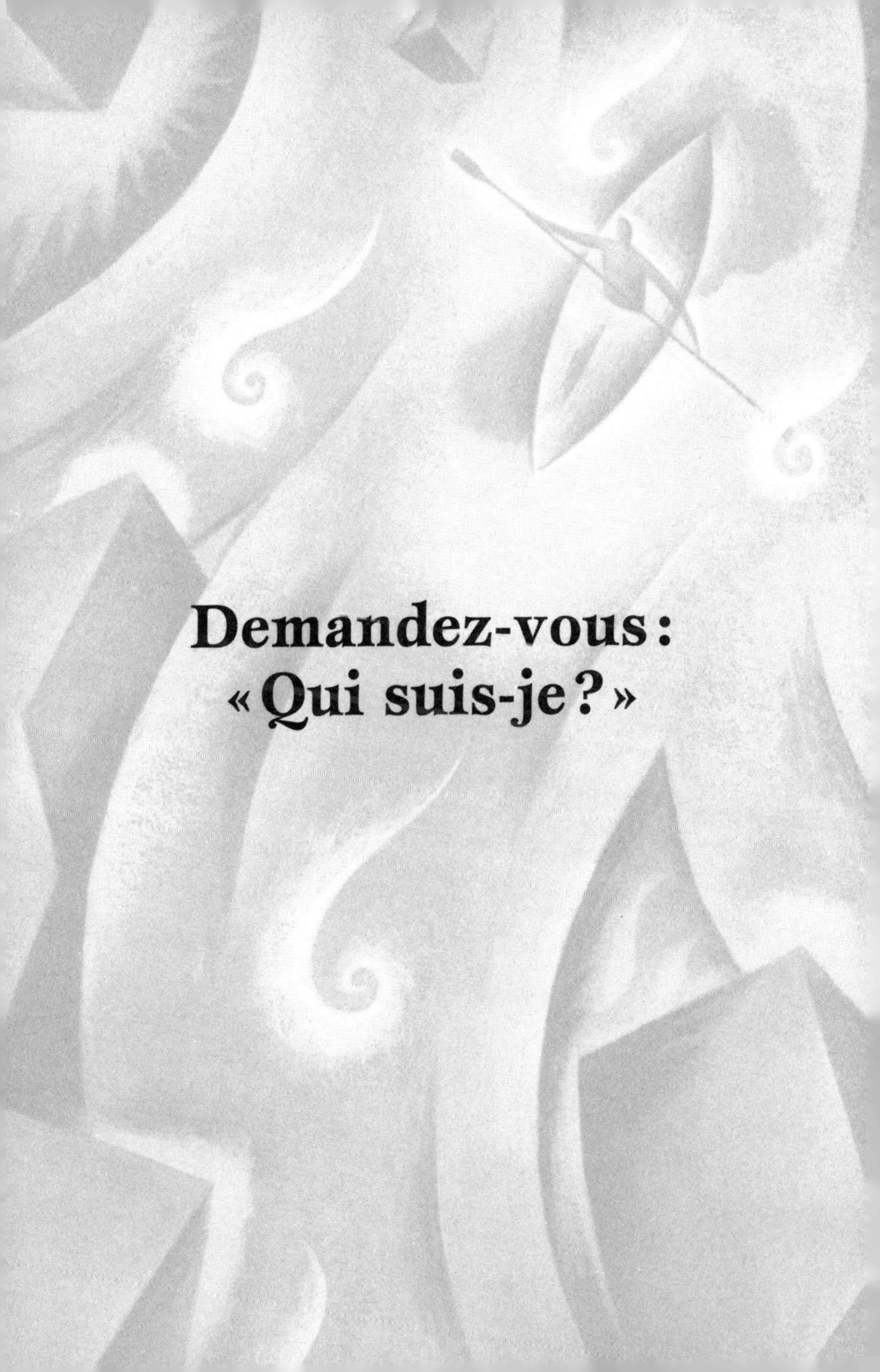

Demandez-vous :
« Qui suis-je ? »

3

La première perle

« Qui suis-je ? »

Tu sauras qui tu es quand tu te rendras compte de ce que tu n'es pas.

Nous pensons tout connaître de nous-mêmes. Peut-être pensez-vous que vous êtes quelqu'un de fiable, d'optimiste ou de mélancolique. Vous avez probablement décidé que vous êtes soit introverti, soit un boute-en-train. Mais, dans la vie, il arrive que l'on subisse une perturbation, qui s'exprimera sous la forme d'un traumatisme ou d'une perte. Durant cette crise, quand on se voit agir, on est parfois sous le choc. Peut-être n'a-t-on jamais imaginé que l'on pourrait être si fort. Ou, au contraire, peut-être est-on plus faible ou plus craintif que prévu. C'est ainsi que, chez la plupart, vient un temps où l'on est prêt à admettre que l'on n'est pas ce que l'on pensait être.

Dans ce genre de cas, il se peut que les valeurs que nous défendons ne soient pas reflétées dans nos actes. Nous sommes en conflit avec notre entourage. Notre mental est en conflit avec notre cœur. Nous faisons des reproches ou nous sommes agressifs. Nous crions sur nos enfants. Nous insultons un ami. « Mais d'où vient ce comportement ? » se demande-t-on. Confus et découragé, on commence alors à s'interroger sur les raisons de nos agissements. On aspirait à la vérité, mais il semble que l'on soit passé à côté de quelque chose dans notre quête.

Se demander « Qui suis-je ? » équivaut à faire le premier pas pour revenir vers l'authenticité, ou la vérité. Notre instinct nous amène à nous accrocher à l'image que nous avons de nous-mêmes, ce qui rend impossible toute découverte. En nous demandant qui nous sommes, la possibilité nous est donnée de faire tomber quelques murs, c'est-à-dire quelques croyances tenaces, et de renouer le contact avec *la vie*.

La plupart des histoires auxquelles vous vous identifiez vous ont été racontées par vos parents ; elles concernent ce que vous aimez, ce que vous n'aimez pas et ce pour quoi vous êtes doué. De plus, vous avez entendu les opinions de vos frères et sœurs et de vos amis d'enfance. En grandissant, toutes les personnes que vous avez rencontrées vous ont décrit d'une manière ou d'une autre. « Tu es intelligent », vous a-t-on peut-être dit. « Tu es un rebelle. » « Mon Dieu, mais tu es le portrait craché de ton père ! » Les gens continuent d'aimer vous imaginer en fonction de leurs perceptions : « tu es vraiment têtu », « tu ne sais pas aimer », « tu ne prends jamais de risque ».

Aujourd'hui, vous avez créé une opinion solide de vous-même, mais songez à ce sur quoi cette opinion se fonde. Depuis votre naissance, vous avez entendu un grand nombre de personnes vous décrire d'une multitude de manières. Chacune voit en vous ce qu'elle veut y voir. De plus, aux histoires racontées par les autres, vous avez ajouté les vôtres. Quand vous rencontrez quelqu'un, vous parlez de votre vie, des événements passés ou de vos espoirs futurs. Vous racontez les mêmes histoires, plus ou moins de la même façon, en jouant le rôle du personnage principal. Mais comment ce personnage en est-il venu à vous définir ? Intéressons-nous d'abord à la manière dont nous racontons notre histoire et nous pourrons ensuite comprendre comment le personnage principal se décrit et est à l'origine de toutes nos actions.

Nous sommes des créatures qui aiment raconter des histoires, car c'est un bon moyen d'entrer en contact avec autrui. La plupart d'entre nous ne se considèrent pas comme des créateurs de mythes ; pourtant, nous ne cessons jamais de raconter l'histoire de notre vie. À toute personne disposée à nous écouter, nous relatons les événements de chaque journée. En outre, nous nous racontons des histoires, comme pour mieux comprendre ce que nous avons déjà vécu. Nous parlons du passé avec nostalgie et spéculons sur l'avenir. Il y a certaines histoires que nous racontons souvent, en inventant des interprétations dramatiques et de nouveaux rebondissements. Après tout, pourquoi pas ? C'est ce que les êtres humains font.

Vous n'avez vraisemblablement plus foi dans les contes de fées ; néanmoins, vous croyez en l'histoire de votre vie. La plupart d'entre nous sont persuadés de leur version de la réalité. Nous discutons révérencieusement des événements de notre vie et les décrivons dans les moindres détails. Nous montons un véritable spectacle destiné à un public constitué d'une personne ou plus. Mais, si nous prenions le temps de nous écouter, nous nous rendrions compte que nous jouons à merveille avec les émotions. Si nous prenions le temps d'écrire l'histoire de notre vie, en insistant sur les moments les plus forts, nous constaterions à quel point il est facile de tomber dans notre propre piège émotionnel. Et si nous écrivions tout cela une deuxième fois, puis une troisième, ces moments finiraient par perdre de leur influence émotionnelle sur nous. Nous commencerions à voir que, en racontant notre histoire, nous insistons sur son côté spectaculaire.

Même les meilleures histoires perdent de leur impact émotionnel lorsqu'on les raconte une seconde fois. Lorsque, enfin, nous cessons de jouer sur les émotions dans notre histoire, nous pouvons nous souvenir des événements sans nous apitoyer sur notre sort ou sans faire preuve de vanité. Nous pouvons parler des problèmes d'aujourd'hui et des mésaventures d'hier sans éprouver le besoin qu'autrui compatisse à notre douleur. Si nous lisions notre histoire à voix haute, nous commencerions à nous rendre compte qu'il s'agit d'une fiction, d'une œuvre d'art. Et nous prendrions conscience que même nos meilleures histoires ne disent pas la vérité sur ce que nous sommes. Aussi, si tel est le cas, *qui sommes-nous*?

Comme le suggère le vieil homme dans notre petite parabole, nous serions bien avisés de contempler d'abord ce que nous ne sommes pas.

4

La voix du Moi

Autant que vous vous en souveniez, vous avez donné au personnage principal de votre histoire le pouvoir de déterminer votre réalité. Il a l'autorité nécessaire pour parler, penser et prendre des décisions qui affectent votre corps et votre monde. Il vous dit ce qu'il faut croire et comment associer une énergie émotionnelle à ces croyances. Ce personnage principal de l'histoire de votre vie, vous l'appelez le « Moi ».

Prenons quelques instants pour comprendre ce que signifie ce mot dans ce contexte. Le Moi est la personne que vous prenez pour votre identité réelle. En effet, vous parlez constamment de vous-même, n'est-ce pas ? Au cours d'une conversation ordinaire, vous employez d'innombrables fois les mots « je », « moi » ou « à moi ». Par exemple : « C'est important pour moi ! » ; « Tu m'écoutes ? » ou « Que disent-ils de moi ? » Le Moi, c'est tout ce que vous croyez être.

Le Moi, c'est tout ce qui est relié au personnage que vous vous êtes forgé en vous appuyant sur vos croyances fondamentales et sur d'innombrables expériences. Le mot « moi », ou son équivalent dans les autres langues, est un simple pronom qui, comme n'importe quel mot dans la langue que nous parlons, ne prend un sens que quand nous convenons de lui en donner un. Mais la particularité du mot « moi » est qu'il est très chargé de souvenirs, de jugements et de suppositions automatiques. Nous avons foi en notre identité et nous nous attendons à ce qu'elle ait de l'importance pour autrui. Ce que nous pensons être devient une mythologie. Ainsi, nous partageons le mythe de notre identité avec nos vieux amis et nos nouvelles connaissances. Nous racontons des histoires captivantes à notre sujet. Nous envoyons des photographies pour renforcer nos histoires. Nous sommes très ingénieux pour célébrer le Moi.

Le Moi fait toujours référence à la personne qui parle, mais on n'accorde pas une grande considération à qui cela pourrait être. Nous disons : « Regarde-moi ! », indiquant par là que nous voulons qu'une attention soit accordée à cet être humain, mais également à ce processus mental, à ses frustrations et à ses attentes. Nous éprouvons de la compassion à notre égard mais, lorsque notre interlocuteur entend « Regarde-moi ! », cela peut susciter chez lui d'autres émotions. L'idée que nous

nous faisons de nous-mêmes n'est pas forcément celle qu'ont les autres.

Le Moi ne fait pas référence au corps que nous occupons. Il ne décrit pas l'énergie qui circule en nous. Il ne se réfère pas à quelque chose de primordial, car il nous a fallu attendre d'apprendre une langue pour pouvoir inventer le Moi. Le Moi n'existait pas avant que nous commencions à percevoir le monde à travers des symboles et leur interprétation. Bref, le Moi ne fait référence à aucune réalité. En fait, il est associé à une image, une idée que nous avons de nous-mêmes et que nous avons tenté de verbaliser. Bien sûr, les mots que nous utilisons pour nous décrire changent constamment, parce que nous percevons différemment les choses à mesure que les situations évoluent. Ce que nous pensons être a beaucoup évolué depuis notre tendre enfance, époque à laquelle nous avons commencé à parler et à penser. Ce que nous imaginons être continue de changer, au fil du temps, au gré des humeurs et en fonction des commentaires que font les personnes qui nous sont chères.

Nos impressions changent mais, globalement, nous adhérons tous à un mythe général, c'est-à-dire à une croyance erronée nous concernant. Le Moi est une mythologie personnelle, une série d'histoires que nous nous répétons et que nous acceptons comme étant la vérité. Tels des enfants qui croient en leurs superhéros, nous croyons en nous. Parés de notre mythologie, nous nous sentons en confiance pour aller dans le monde.

Mais, en réalité, vous n'êtes pas le Moi. Vous êtes *la vie*, ou l'énergie qui a fait de vous un être physique. *La vie* circule dans votre corps et le rend capable de se mouvoir, de ressentir, d'aimer. C'est l'énergie de *la vie* qui a créé ce miracle qu'est votre cerveau. C'est elle qui a rendu possible l'esprit pensant et qui a prêté sa voix à son personnage principal. *La vie* est tout ce qui est de l'ordre du visible et de l'invisible. Ainsi, seule *la vie* existe.

Il n'y a que *la vie*, et un nombre infini de points de vue. En effet, tout ce qui est créé par *la vie* a un point de vue, et votre corps n'y échappe pas. Votre mental non plus. Le corps humain se développe en fonction d'une programmation biologique, alors que le mental évolue consciemment, grâce à l'attention et à l'action délibérée. Nous pensons être le mental, à moins d'en décider autrement. Nous croyons être la voix qui exprime les pensées du mental, jusqu'à ce que nous reconnaissions que ce n'est pas du tout le cas.

Parmi toutes les choses que nous pouvons accomplir en tant qu'êtres humains, c'est cette forme de conscience de soi qui est la plus gratifiante. Elle peut guider l'évolution du personnage principal. Le Moi répond à notre nom et connaît notre histoire. Il est conscient de notre environnement physique et peut également prendre conscience de lui-même.

Notre évolution se complique quand nous tentons de mettre de la distance avec le personnage que nous créons. À travers le Moi, c'est nous-mêmes et le monde que nous décrivons. Si nous nous posons en victimes de notre voix mentale, nous subirons toutes les situations. Si nous nions que nous avons le pouvoir d'agir sur le Moi, comment de nouvelles portes de conscience pourraient-elles s'ouvrir ? Comment pourrions-nous vivre intrépidement au sein du rêve de l'humanité, composée de plus de sept milliards de Moi, tous ayant leur opinion et demandant à être entendus ?

La réalité étant la création personnelle de tout un chacun, il en va de même pour votre réalité. Vos jugements sont le produit de vos croyances et expériences passées. Si vous vous sentez opprimé par vos pensées, c'est qu'il est temps de vous en occuper. Le Moi doit-il être un juge ou une victime constante ? Non. La plupart d'entre nous aspirent à nouer une relation plus étroite avec la vérité et à vivre dans la sérénité. Nous voulons être en bonne santé mais, trop souvent, nos jugements nous rendent malades. Spirituellement, nous voulons être conscients, mais nos croyances continuent de nous ensorceler.

Si nous prenons le temps d'écouter ce que nous pensons et disons, l'occasion nous est donnée d'être plus honnêtes avec nous-mêmes. Nos comportements sont le fruit de nos croyances et toute croyance peut être modifiée. Si nous remettons en question nos opinions, nous pouvons commencer à retrouver le chemin qui mène à l'authenticité. Devons-nous toujours avoir raison ? Faut-il vraiment que nous ayons le dernier mot ? Si nos agissements ne sont pas conformes à la personne que nous souhaitons être, il nous est possible d'agir différemment, de changer.

Il est logique que, plus nous consacrons d'énergie à créer une certaine image de nous-mêmes, plus elle est difficile à transformer. Nous ne devrions donc pas utiliser le personnage principal de notre histoire comme un prétexte pour nous poser en victime ou nous fourvoyer. La vérité peut s'exprimer par le mental, de même qu'elle s'exprime à travers le corps. Ainsi, le mental peut choisir de servir la vérité, et non nos histoires. L'énergie de *la vie* utilise les outils qu'elle a à sa disposition pour créer un corps, une pensée ou un rêve. Un corps en bonne santé est un merveilleux réceptacle à énergie, et le secret pour optimiser notre réalité, c'est d'être conscient.

Le corps est réel, mais le Moi est fictif. Et pourtant, c'est ce dernier qui mène la danse. Combien de fois avez-vous défendu vos agissements sans comprendre pourquoi ? Il arrive à chacun d'entre nous de regretter d'avoir commis des actes que nous considérons comme inexcusables ou d'avoir dit des choses à la légère. Dans ces cas-là, nous aimons à dire : « Après tout, je ne suis qu'un homme », mais ce n'est pas la condition humaine qui est à l'origine du problème. Il est donc naturel de se demander qui est vraiment aux commandes. Nous nous posons la question : « Qui suis-je ? » sans vraiment attendre de réponse. Mais nul ne se demande ce qu'il n'est pas, alors que c'est par là qu'il faut commencer.

Ayez conscience que vous êtes énergie, et tout changera. Voici comment les choses fonctionnent : vous n'êtes plus la victime de vos croyances, mais vous êtes le créateur. Vous êtes l'artiste. Vous êtes également la peinture, c'est-à-dire la toile sur laquelle vous peignez votre réalité. Imaginez que vous prenez un pinceau et que vous peignez un personnage qui vous ressemble. Imaginez que vous le faites pour le restant de votre vie. Mais, à l'inverse de la plupart des choses que l'on retrouve sur un tableau, cet être a un cerveau. Et il a en plus un mental qui donne un sens à ce qu'il perçoit. Son fonctionnement est magnifique, mais il n'a pas conscience qu'il est le fruit du travail d'un artiste. Il y a beaucoup d'autres personnages sur cette peinture, mais eux non plus ne sont pas conscients de l'existence de l'artiste. Par conséquent, il est inéluctable qu'ils se fient les uns aux autres pour acquérir leurs connaissances. Ils réagissent et interagissent les uns avec les autres. Ils apprennent les uns des autres.

Chaque jour, le scénario change. D'un instant à l'autre, le point focal principal du peintre change de manière subtile. Le personnage prend progressivement vie. Non seulement vous pouvez vous servir de votre palette de couleurs et de vos pinceaux, mais vous pouvez également faire des choix grâce à ce personnage. À l'instar de *la vie*, vous pouvez créer, ce qui vous donne des opportunités constantes d'évolution, permettant au personnage principal de bien s'adapter à un paysage en changement perpétuel. Vous pouvez habilement aider le Moi à devenir conscient.

Certaines personnes osent regarder à l'intérieur d'elles. Elles prennent le temps d'écouter leurs pensées et de réfléchir à leurs actes. Elles se posent des questions : « Suis-je vraiment ce genre de personne ? »

« Ces sentiments sont-ils authentiques ? » « Si j'avais su que j'avais le choix, aurais-je agi de la même manière ? » Ces personnes prennent soudainement conscience de ce qu'elles font et modifient leur réaction. Elles trouvent un équilibre émotionnel. C'est ce que signifie être présent. C'est ainsi que l'on devient plus serein mentalement et spirituellement. En observant, nous pouvons tous apprendre. En transformant notre voix mentale, l'occasion nous est donnée de devenir sages.

Certaines personnes cessent totalement de croire leurs pensées. C'est important car, une fois que notre voix mentale perd son autorité, elle devient silencieuse. On peut alors observer les événements et réagir de manière authentique. Nous avons coutume de réagir de façon prévisible. Nous avons coutume de percevoir les choses telles qu'on nous l'a appris et en fonction de nos préférences. Une fois que nous cessons de nous mentir, il ne reste que la vérité. Nous retrouvons alors notre authenticité, perdue en racontant notre histoire.

Depuis l'aube des temps, des êtres humains s'interrogent, remettent en question, cherchent. Certains ont changé le monde, pas seulement le leur, mais également tout le rêve de l'humanité. Ils commencent par douter de ce qu'ils connaissent. Ils posent une question, puis une autre. Ils consultent éventuellement des sages. Bientôt, ils se mettent à écouter le personnage principal de leur histoire. Il a une voix qui parle clairement et qui s'adresse seulement à eux. Que dit-elle et à quel point son message est-il juste ? Peut-on la croire ? Au demeurant, où est la vérité ?

Pour tenter de résoudre le mystère de notre identité véritable, nous disposons de quelques merveilleux outils. Le premier est *le pouvoir de l'attention*. C'est grâce à notre attention que nous pouvons remarquer ce qui se passe et apprendre. Quand nous entendons notre nom, cela attire notre attention, réaction que nous avons apprise dès notre tendre enfance. De plus, l'attention mobilise nos autres facultés : nous regardons, nous écoutons, nous réagissons. Nous recevons des informations et les traitons. Et, en captant l'attention d'autrui, nous apprenons à transmettre des informations à autrui et au monde.

Mais, au fil du temps, nous apprenons à maîtriser l'art du somnambulisme. Nous ne pensons plus avoir besoin d'être attentifs, car nous sommes sûrs de savoir ce qui se passe autour de nous. En toutes circonstances, nos réactions sont devenues prévisibles. Nos pensées sont automatiques et nous supposons machinalement que nous savons ce que pensent les autres. On est en droit de dire que notre attention s'est affaiblie par négligence. Et si nous redécouvrions son incroyable pouvoir ? Nous aurions un esprit agile et souple pour nous adapter aux changements, qui sont inévitables.

Il n'y a aucune nécessité de se laisser anéantir par des attentes déçues. Si nous nous servions de nos sens pour réunir des informations réelles, nous ne serions pas tant déroutés par la vie. Si nous écoutions véritablement, non seulement ce que disent les autres, mais également ce que nous nous disons dans les moments de calme, nous ferions preuve de beaucoup plus d'empathie à l'égard des autres et de compassion à l'égard de nous-mêmes. Au lieu de cela, nous faisons des suppositions, ce qui favorise les malentendus. Au départ, on peut avoir l'impression qu'il faut faire des efforts pour renforcer son attention, mais les récompenses viennent rapidement. Le cerveau réagit promptement aux nouveaux défis. Regardez, écoutez et observez sans juger. Remarquez que vos réactions émotionnelles deviennent plus sincères sans histoire. L'attention peut conduire à la pleine conscience dans chaque moment précieux de la vie.

Le deuxième outil est *la mémoire*. Elle est stockée dans de la matière (notre cerveau), comme on stocke de la musique sur un CD. On peut entreposer tous les souvenirs d'une vie dans un cerveau, mais ce n'est pas pour autant que ceux-ci sont réels. Nous enregistrons des impressions liées aux choses, aux gens et aux événements mais, dans la mesure où chaque cerveau perçoit les choses à sa manière, même des frères et sœurs se souviennent différemment des événements de leur enfance. La mémoire aide à créer une impression de réalité, mais les impressions ne sont pas la réalité. Nous nous fions trop à notre mémoire dans notre quête de vérité. Nous la laissons détourner notre attention du moment présent et nous emmener dans le passé. Il est fréquent que l'utilisation de notre mémoire se retourne contre nous, mais il n'en demeure pas moins que nous pouvons en faire un usage différent. Nous pouvons lui permettre de nous éclairer.

De même que notre mémoire a joué un rôle capital pour notre développement dans notre tendre enfance, elle peut nous guider tout au long de notre transformation à l'âge adulte. Petits, nous avons observé nos parents ; nous les avons écoutés et imités. Tout ce que nous avons contemplé s'est intégré à notre comportement. Nous avons tenté de marcher, nous sommes tombés, puis nous avons réessayé. Nous avons appris à éviter la douleur et à progresser vers le plaisir. Mais qu'en est-il aujourd'hui, lorsque nous souhaitons changer des schémas difficiles ? Pourquoi ne ferions-nous pas tout ce qui est en notre pouvoir pour prendre soin de notre corps physique et de notre bien-être émotionnel ? Nous savons ce que cela fait de nous emporter et d'éprouver ensuite des regrets. C'est un sentiment terrible. Nous sommes conscients des conséquences : nous éprouvons de la honte et de la culpabilité mais nous n'arrivons pas à réagir autrement. C'est là qu'intervient la mémoire, qui peut nous être utile dans nos efforts pour nous éveiller et résister aux réactions automatiques. Elle peut nous aider à prendre de la distance avec les habitudes abusives et nous encourager à passer à l'acte et à aller de l'avant dans la dignité.

Le troisième et meilleur outil est *l'imagination*. Elle est une forme de superpouvoir. Nous visualisons mentalement quelque chose, puis nous lui donnons vie. D'ailleurs, le seul fait d'imaginer quelque chose de merveilleux réconforte et revitalise le corps. Mais il est également possible d'imaginer des événements difficiles, avec des conséquences horribles. En envisageant le pire, nous faisons apparaître la peur dans notre corps physique et nous la propageons autour de nous. En imaginant le futur, nous nous détournons du présent. Il est certain que l'imagination apporte un pouvoir mais, comme tout pouvoir, il peut être corrompu.

Dès maintenant, nous pouvons nous exercer à utiliser notre imagination de façon positive. Nous pouvons placer notre attention sur un but palpitant : devenir plus conscient. Nous pouvons nous servir de notre mémoire en respectant son intention première : nous empêcher de commettre les mêmes erreurs. Nous pourrions envisager des choses que nous n'avons jamais tenté d'imaginer. Pourquoi ne pas douter de ce que nous connaissons et prendre du recul par rapport aux histoires qui nous sont familières ? Le mental exerce une influence colossale. Au fil du temps, il a pris des habitudes, mais il est possible de les changer. En utilisant les outils qui sont à notre disposition, il nous est possible de calmer notre chaos intérieur et de trouver la paix dans notre monde virtuel.

Vous n'êtes pas ce que vous croyez.

Manifestement, vous n'êtes pas l'enfant que vous étiez à l'âge de 4 ans, avec ses difficultés à surmonter ses peurs inexprimées. Vous n'êtes pas un adolescent maladroit, un petit nouveau au travail ou un jeune entrepreneur. Vous n'êtes pas non plus la tendre moitié de votre bien-aimé·e ou l'enfant préféré de votre maman. Vous n'êtes pas le personnage principal de votre histoire ni de celle de qui que ce soit, même si vous jouez ces rôles depuis longtemps. Et vous n'êtes pas non plus celui que vous appelez « moi », qui tente de s'exprimer au nom de votre corps physique. Vous n'êtes ni votre mental ni l'ensemble de règles qu'il s'efforce de faire respecter. Il a créé un véritable gouvernement fort de toutes ces lois, mais vous n'êtes pas cela non plus.

Vous n'êtes pas vraiment le petit gouvernement qui s'est installé dans votre tête, même si ses lois influencent vos actions et réactions. Parfois, ce gouvernement semble indulgent; d'autres fois, il est aveugle et intolérant. Dans tous les cas, c'est le Moi qui est son commandant en chef. Le moment serait opportun pour décider quel genre de leader vous aimeriez que le Moi soit. Le moment serait opportun pour que vous contempliez votre création et que vous procédiez à des changements inspirés.

Nous sommes tous nés pour apprendre, grandir et devenir des êtres humains conscients. Notre intention était d'exploiter au mieux notre potentiel. Mais, à un moment donné, nous nous sommes laissé distraire. Nous avons perdu de vue nos intentions. Nous avons oublié notre authenticité. Il peut paraître impossible d'échapper à notre propre système de sanctions et de récompenses, mais telle n'est pas la vérité. Si tel est notre désir, nous pouvons mettre fin à toute cette structure.

Il est intéressant de constater de quelle manière chacun d'entre nous se crée une réalité personnelle. Il est également intéressant de voir jusqu'où nous allons pour la défendre. Mais, au lieu de la protéger, nous pouvons l'améliorer. Il suffit de quelques prises de conscience fondamentales pour réussir une révolution. D'abord, il est important de voir comment le système a été mis en place. Il est en effet utile de comprendre comment nous en sommes arrivés là, où nous en sommes et ce que nous pouvons faire pour changer notre monde. Nous pouvons explorer des moyens de transformer la voix qui nous décrit ce monde.

La conscience est l'aptitude à voir les choses telles qu'elles sont. Il n'est jamais trop tard pour ouvrir les yeux.

5

Le mental, la communauté

Pour comprendre un peu mieux la gouvernance du mental, intéressons-nous d'abord à la manière dont nous avons été dirigés tout au long de notre vie. Nous sommes tous nés au sein d'une vaste communauté appelée l'humanité. Depuis des milliers et des milliers d'années, les êtres humains créent des groupes – ou civilisations – partout sur la planète. Leur but est d'assurer la survie. On convient d'un certain nombre de règles (lois écrites ou coutumes rituelles) afin que l'ordre puisse être maintenu au sein de ces groupes. De plus, on met en place des instances gouvernantes constituées d'hommes et de femmes respectés. On crée des villes et des nations, chacune étant dirigée par une forme de gouvernement. Chaque pays est constitué d'instances gouvernantes plus petites, la première étant la famille.

En soi, une famille est une petite nation, traditionnellement composée d'un homme, d'une femme et de leurs enfants. Bien sûr, il n'y a pas qu'une seule manière de définir la famille : celle-ci se forme quand des personnes de sexes et d'âges différents se rassemblent afin d'assurer le bien-être et la sécurité du groupe. Ce dernier peut être constitué de deux personnes, d'une dizaine d'individus, ou beaucoup plus. Ensemble, ils fondent un foyer, qui est une extension d'eux-mêmes. Chaque famille est régulée par son propre gouvernement. En effet, les familles établissent des règles de conduite, qui contribuent à maintenir l'harmonie au sein du groupe : « travaillez dur », « prenez soin les uns des autres », « respectez vos aînés ». Elle met également en place des sanctions en cas d'infraction à ces règles. Le chef de famille prend les décisions importantes, définit les règles et les fait appliquer.

Un parent pourra céder l'autorité à l'autre, ou bien les deux parents pourront partager équitablement le pouvoir, formant ainsi un gouvernement au sein de la famille. Vous et moi sommes nés dans différentes familles et avons grandi dans différents foyers. Les règles étaient probablement différentes, ainsi que les punitions en cas de comportement inapproprié, mais notre point commun est que nous avons été cadrés au moyen d'un système de récompenses et de sanctions. Depuis notre tendre enfance, nous avons appris qu'il y a un prix à payer en cas de rébellion. La personne qui faisait office de chef de famille imposait des règles en s'appuyant sur son autorité.

Bien sûr, ces chefs de famille avaient d'autres moyens de nous persuader. Peut-être ont-ils fait appel aux punitions physiques ou à la maltraitance psychologique. Parfois, la force subtile de la suggestion suffisait. Se servant de notre imagination pour nous contrôler, nos parents nous racontaient souvent des histoires de méchants enfants n'ayant que ce qu'ils méritaient : « Gare au loup [à l'ogre ou au croque-mitaine...] ! » nous avertissaient-ils pour nous faire obéir. Les parents racontent des histoires pour gérer leurs enfants. Pour les discipliner s'ils sont turbulents, ils les intimident. Pour les préserver du danger, ils ont recours aux moyens qui leur paraissent appropriés. Mais les parents eux-mêmes subissent l'influence des leçons strictes qu'ils ont apprises durant leur enfance. Nul n'est au-dessus de la loi.

Différents groupes de familles créent ensuite des communautés, ce qui constitue l'échelon gouvernemental suivant. Une communauté, à l'instar d'une famille, est dédiée au bien-être de tous. Chaque communauté, comme chaque famille, a un leader, qui établit les règles définissant les comportements acceptables. Tous les membres de la communauté acceptent de les suivre, en étant conscients que, en cas d'infraction, ils seront punis.

Quand les communautés créent des alliances entre elles, des villes sont fondées. Dans une ville, il y a beaucoup plus de personnes qui veulent diriger. La concurrence est rude et il devient plus difficile de gouverner. Chaque ville doit se choisir un maire et un corps législatif composé de citoyens engagés. Ensemble, ils décident des règles définissant les comportements acceptables et des différents moyens de les faire appliquer. Les villes sont chacune gérées par une autre forme de gouvernement, au sein duquel nul, pas même le maire, n'est au-dessus de la loi.

Quand des villes mettent en place des partenariats entre elles, des départements, puis une région se créent, avec à leur tête une forme de gouvernement composé d'un président du conseil départemental ou d'un préfet, forts d'un ensemble de lois. Plus les sociétés sont grandes, plus il devient compliqué de se choisir des dirigeants. Il est alors plus difficile pour les citoyens de prendre activement part à leur destin. Les présidents du conseil départemental et les préfets font régner l'ordre par l'intermédiaire de lois, qu'ils font appliquer par les forces de l'ordre. Là encore, nul n'est au-dessus de la loi (tout du moins en théorie).

Enfin, les régions forment un pays. À ce niveau, l'enjeu est élevé pour tout le monde. Différents dirigeants gouvernementaux sont en concurrence pour mener le pays entier. Une fois qu'ils sont élus, ils se servent de leur pouvoir, de leur autorité et des forces qui sont à leur disposition pour imposer leurs règles. Les gens ne sont pas forcément menacés d'emprisonnement ou de châtiments corporels. En effet, les dirigeants peuvent également faire appel à la peur et à l'imagination pour gérer le peuple. Comme l'ont autrefois fait leurs parents, ils auront éventuellement recours à la menace, à la culpabilité et à la honte. Ou alors, ils pourront employer la suggestion pour influencer les gens. Quel que soit le moyen utilisé, ils font appliquer la loi. En sachant que même eux ne sont pas au-dessus des lois qu'ils ont mises en place.

Un chef d'État pourra souhaiter diriger également d'autres nations. C'est ainsi qu'évoluent les civilisations, à mesure que les sociétés se complexifient et que les dirigeants assoient leur autorité. Les nations forment des ensembles plus grands et imposent leurs lois à un nombre plus important de communautés et de familles. Dans certains cas, les nations perdent leur pouvoir et se font absorber. La carte du monde est alors redessinée. Des règles continuent d'être créées et appliquées avec les moyens à disposition.

Il est bon de se souvenir que la gouvernance extérieure joue continuellement un rôle dans notre vie. Il est utile de garder cela à l'esprit, car notre réalité personnelle reflète les méthodes de gouvernance que nous utilisons pour nous discipliner. On nous a appris à réagir aux feux de signalisation, aux panneaux et aux sirènes d'alarme pour éviter d'avoir à payer une amende. C'est pour la même raison que nous respectons les dates butoirs pour payer nos impôts ou les panneaux « défense d'entrer ». Quel que soit le pays, la vie est plus facile quand on ne remet pas en question les lois locales. Mais remettre en cause nos consignes mentales est une autre histoire. Pensant que les jugements sévères sont d'une certaine manière vertueux, nous nous imposons des règles et des sanctions, en prenant rarement du recul pour nous interroger sur leur bien-fondé. Cela nous ferait-il mal d'être un peu moins dans le contrôle ? Quel serait le prix à payer si nous faisions preuve d'une plus grande mansuétude à l'égard de nous-mêmes ?

Nous avons été élevés sous l'influence de diverses instances gouvernantes. Nous avons tous appris en observant, en écoutant et en imitant ; c'est ainsi que nous avons défini des moyens de cadrer notre bonheur. Nous avons peur de perdre le contrôle. Nous voulons maîtriser autrui sans prendre en compte la liberté de chacun ni faire preuve d'un minimum de respect. Trop souvent, notre système de gouvernance fait entrave à notre envie fondamentale de communiquer et d'aimer.

Il n'est pas surprenant que nos principes, c'est-à-dire ceux qui nous ont été inculqués par notre famille et notre culture, nous poussent souvent au refoulement et limitent notre joie. Par imitation, nous rédigeons notre propre constitution et appliquons nos propres sanctions. Nous nous dénigrons, nous nous attaquons et nous souffrons émotionnellement. Pour des raisons que la plupart ont oubliées, nous insistons pour nier les plaisirs fondamentaux de notre corps. Nous nous forçons souvent à faire ce que nous n'aimons pas et nous nous punissons en nous adressant à nous-mêmes le fameux : « Tu es privé de dessert, va te coucher ! » (Ce que nous appliquons parfois à la lettre.) Dans la réalité personnelle que nous nous sommes créée, nul n'est au-dessus de la loi. Pas même nous.

Le fait d'imposer notre volonté à autrui ne fait que repousser les gens. Nos lois ne sont pas réelles. Notre mini-gouvernement ne fait qu'illustrer ce que nous ne sommes pas. Nous ne sommes pas des législateurs, condamnés à faire appliquer les lois au détriment de leur bonheur. Notre corps et notre mental sont destinés à être des alliés dans notre quête d'une meilleure relation avec *la vie*. En remettant en question nos propres règles, nous pouvons retrouver la liberté d'agir et de réagir dans la sincérité. Nous reprenons alors le chemin de l'authenticité.

6

Quand le mental gouverne

Lorsqu'on laisse le mental fonctionner tel un gouvernement, on s'éloigne de ce que l'on est vraiment. La mise en place de lois et de sanctions est un travail qui incombe aux institutions extérieures. C'est ce que font les sociétés – et encore, leur succès dépend d'une volonté de changer ce qui ne marche pas. Mais, au niveau individuel, avec tous nos jugements et nos censures, nous nous sommes enfermés dans une prison virtuelle qui ne saurait nous rendre heureux.

Il n'est pas nécessaire que notre réalité soit une prison. Au contraire, elle devrait être un effort artistique. Quand on la considère comme une œuvre d'art vivante, la possibilité nous est donnée de modifier notre chef-d'œuvre au fur et à mesure. Nous avons le pouvoir de faire de meilleurs choix, en gardant à l'esprit le bien-être du corps. En dirigeant notre existence avec respect, nous pouvons créer l'harmonie dans chaque aspect de notre vie. Bien sûr, il est utile de se rappeler la vocation première d'un gouvernement.

Le type de gouvernement que la plupart d'entre nous connaissent se divise en trois branches principales : les pouvoirs exécutif, législatif et judiciaire. Tous trois ont pour but premier de servir le pays. Un système d'équilibre des pouvoirs les empêche de prendre le pas sur les autres. Il peut en être de même avec notre mental, dont on peut vérifier l'intégrité des actes. Chaque aspect se doit de rendre des comptes et d'être transparent. Le mental doit être conscient de lui-même et se superviser efficacement.

Le corps législatif d'un gouvernement est appelé Parlement. C'est lui qui fait les lois et ratifie les traités, tout comme le mental humain. En effet, ce dernier crée des lois strictes, qui ne sont pas seulement celles qui lui ont été transmises par la famille et la société, mais qu'il s'est appropriées. Ces lois, qu'elles soient créées consciemment ou non, régissent notre vie. Ce sont les autocritiques et les résolutions qui guident nos comportements. Ce sont aussi nos préjugés et nos phobies. Vous respectez les lois de votre mental et il s'attend à ce qu'autrui les respecte également. Comme vous l'avez probablement remarqué, vous vous entendez mieux avec les personnes qui respectent vos lois et qui acceptent vos points de vue.

Prenez le temps de réfléchir à l'importance que vous accordez à vos règles et principes. Peu importe qu'ils soient le reflet de ceux de vos parents ou grands-parents car, désormais, vous les avez faits vôtres. Vous êtes vraisemblablement capables de les énoncer clairement et, pour vous, les personnes qui ne sont pas d'accord avec ces principes sont en faute. Il arrive même que vous tentiez de convaincre vos proches de les suivre. En cas de désaccord, il est possible que vous vous énerviez. Et même qu'il s'ensuive une dispute.

Il s'avère que la plupart des problèmes relationnels sont liés au fait que votre gouvernement veut avoir raison et a décidé que les autres ont tort. En défendant votre constitution, vous déclarez souvent la guerre à d'autres nations et à leurs peuples. La plupart des gens déclarent un bon millier de petites guerres sur toute une vie, combattant la moindre critique ou opinion adverse. Ayant le sentiment qu'on ne vous respecte pas, vous vous mettez à ne pas respecter les autres. Tout cela inhibe votre penchant naturel à l'amour et à la générosité. Votre Parlement intérieur a pris le pas sur votre authenticité, ce qui signifie que votre gouvernement a échoué dans la tâche qu'il s'était assignée.

Lorsque nos lois personnelles prennent trop d'importance, nous perdons de vue toute notion de justesse et toute empathie. Il est bon d'avoir un code de conduite dans notre vie, mais celui-ci ne devrait pas avoir un impact négatif sur nos relations. Il arrive que l'on ne reconnaisse pas que certaines de nos idées font office de principes ; mais cela n'empêche pas le Moi de s'en servir pour légiférer et pour entamer des poursuites. Il s'en sert pour réprimander autrui et se disputer avec lui-même. En comprenant nos actions et réactions, nous avons l'occasion d'opérer un changement dans notre gouvernance intérieure.

Songez aux idées qui vous définissent, notamment aux yeux du monde. Vous êtes un militant ou un bénévole. Vous êtes un bourreau de travail. Vous êtes de droite ou de gauche. Vous êtes excessivement fidèle. Vous craignez Dieu, vous êtes un patriote, ou vous êtes le supporter numéro un de votre équipe sportive. Cela peut paraître de merveilleux moyens de vous décrire, mais cela vous a-t-il rendu la vie facile ? Combien de temps passez-vous à vous justifier et à défendre votre position ? Critiquez-vous les gens qui se décrivent différemment ? Fixez-vous les règles avec votre famille et vos amis en vous attendant qu'ils soient aussi fanatiques que vous ? Peut-être avez-vous encore envie de déclencher une guerre, ou simplement de gagner quelques batailles. Quoi qu'il en soit, votre pouvoir d'action n'est pas dans vos opinions. Car ce ne sont que des opinions. Un bon argument ne reste qu'un argument.

Vos croyances et idéologies peuvent vous donner l'impression d'être ce qu'il y a de plus essentiel en vous, mais tel n'est pas le cas. Les notions qui nous sont chères constituent un mode de pensée qui nous sécurise et peut même donner un sentiment de supériorité. Nous leur donnons une grande charge émotionnelle, mais elles n'ont pas de pouvoir propre. Les croyances et idéologies influencent notre comportement, ce qui paraît souvent juste, mais elles peuvent également nuire à notre aptitude à interagir et à passer du temps avec autrui.

Songez à vos croyances. Sont-elles plus importantes que ce que vous êtes vraiment ? Sont-elles plus précieuses que l'amour ?

Respecter le droit d'expression d'autrui est un acte d'amour. En laissant les autres donner leur opinion, on leur fait un cadeau. Il n'est pas si difficile d'écouter sans juger. Et il n'est pas si étrange de dire : « Je ne sais pas », car cela allège les choses. Quand les autres ont raison, faites-le-leur savoir. Car nous ne sommes pas obligés d'avoir toujours raison. Nous n'avons même pas constamment à être *moi*.

Nous livrons la plupart de nos batailles dans notre tête. Et les armes que nous utilisons sont les idées, notre but étant d'avoir toujours raison. Puis nous transposons ce combat à l'extérieur, en parlant de vérités et de mensonges, de bien et de mal. Nous nous croyons brillants ; nous croyons l'autre stupide. Comme la plupart des guerres opposant les nations, les conflits qui nous opposent à d'autres personnes sont des déclarations publiques d'autosuffisance.

Nous avons tendance à défendre bec et ongles le personnage principal de notre histoire, souvent comme si notre vie en dépendait. Réfléchissez-y quelques instants. Nous défendons l'intégrité d'une chose irréelle. Peut-être avons-nous peur de perdre la face. C'est très révélateur. En fait, le masque tombe. Fini les faux-semblants. Incapables de continuer d'être ce que nous ne sommes pas, nous nous retrouvons alors dépouillés, authentiques, face au monde. Et peut-être est-ce exactement ce dont nous avons toujours eu besoin.

Si nous refusons d'en finir avec les vieilles habitudes et les simulacres, comment pourrons-nous savoir ce que nous sommes ? Nous continuerons d'être en désaccord avec le monde. Nous continuerons de voir l'injustice partout et de nous rendre la vie beaucoup plus compliquée. La voix du Moi insiste pour dire que nous avons raison et que les autres ont tort mais, à l'origine, d'où viennent nos idées ? Et si nous osons adopter de nouvelles idées, qu'est-ce qui, au fond, est en jeu ? Qui doit se protéger de ce genre de perturbation ? Si nous voulons la sérénité, il nous faut cesser de nous quereller et d'insister.

Lorsque l'on cesse de tenter de défendre le personnage principal, on trouve une paix inattendue.

7

La justice et le juge

C'est au Parlement, qui est associé au gouvernement, qu'il incombe de légiférer. On peut dire que le mental est un corps législatif mais, en plus, il invente des moyens pour faire appliquer ses lois. Aussi, tournons-nous vers le deuxième aspect du gouvernement mental : le judiciaire.

Le corps judiciaire décide de la manière dont les lois doivent être respectées et dans quelles circonstances. À l'instar des gouvernements externes, notre gouvernement mental exige l'application de sanctions en cas d'infraction à la loi. Il en existe plusieurs que l'on peut faire subir à notre entourage. Ces punitions pourront être subtiles ou brutales ; ou alors, on peut même tourner sa colère vers soi-même. Combien d'entre nous se sont torturés pour avoir trop mangé, pour en avoir fait trop peu ou simplement pour ne pas avoir été à la hauteur ?

Le système judiciaire individuel varie selon les gens. Certains seront durs avec eux-mêmes, mais cléments avec autrui. D'autres n'auront pas conscience d'avoir commis une infraction, mais seront très sensibles au cas où une infraction serait commise par un tiers. D'autres encore feront preuve d'amour envers eux-mêmes, mais seront cruels avec autrui (et inversement). En effet, la plupart des gens sont capables de se montrer méchants lorsqu'ils sont en colère ou se sentent en insécurité. Avant de pouvoir changer son système judiciaire personnel, il faut prendre conscience de son fonctionnement.

Nous devons tous réfléchir à nos actes. On peut se demander : « Ma réaction est-elle juste ? Est-ce que je fais preuve de respect dans telle situation ? Aimerais-je qu'on me traite de la même manière ? »

On nous a beaucoup parlé de respect pendant notre enfance, sans que l'on n'ait jamais eu la possibilité de comprendre pleinement la signification de ce mot. Malgré ce que beaucoup en ont entendu, nul ne doit *gagner* le respect d'autrui. Nous sommes tous différents, mais chaque être humain est une émanation de *la vie*. Chaque créature est la preuve vivante de la danse que réalisent la matière et l'énergie. En soi, c'est une raison suffisante pour faire preuve de respect.

Ce dernier permet d'aller au-delà des opinions et des habitudes d'une personne. Il donne accès à la vérité, ce qui nous libère de nos illusions.

Il n'y a pas vraiment de justice lorsqu'un gouvernement fonctionne aveuglément. Quand le mental réagit automatiquement, nous faisons des erreurs de jugement. Nous payons un lourd tribut lorsque nous faisons des hypothèses erronées, car cela engendre une souffrance inutile. Si nous refusons de voir les choses telles qu'elles sont, nous pouvons être déçus. Nous adressons des reproches aux autres et nous leur gardons rancœur. Nous faisons preuve de mépris à l'égard de nous-mêmes et d'autrui. En quoi tout cela nous permet-il de nous améliorer ? En quoi tout cela nous permet-il de nous sentir plus en sécurité ou plus en paix avec nous-mêmes ?

Le respect est la solution à l'injustice. Il est dit qu'au paradis le respect règne. Alors, créons le paradis sur Terre en nous respectant ainsi que tous les êtres vivants. Le respect facilite nos interactions avec autrui. Chez nous, dans notre vie sociale et sur le plan professionnel, il permet de se faire des alliés. Il n'est pas nécessaire d'aimer les gens pour leur témoigner de la considération. Toutes les relations humaines s'épanouissent dès lors qu'il y a un respect mutuel, que l'on soit d'accord ou pas avec les idées de l'autre.

On ne peut donner ce que l'on n'a pas ; aussi, le respect doit commencer par soi-même. Dans l'enfance, le respect de soi n'a pas été inculqué à tout le monde. Certains n'ont pas été encouragés à respecter leur corps et le corps d'autrui. Une fois à l'âge adulte, la possibilité nous est donnée de prendre conscience de notre degré de bienveillance à l'égard de nous-mêmes. Sommes-nous justes ? Notre système judiciaire est-il sévère, en particulier lorsqu'il s'agit de notre propre comportement ? Nous pardonnons-nous ? Et, avant cela, savons-nous comment faire ?

Le pardon est tout aussi essentiel à la guérison d'un pays qu'au bien-être individuel. Depuis l'aube des temps, la pratique du pardon a permis de transformer des ennemis mortels en alliés compatissants. La même chose se produit dans nos vies. Le pardon met fin aux conflits passés. Souvent, nous résistons à l'envie de pardonner, pensant que cela éviterait aux personnes malveillantes de recevoir un juste châtiment. Mais, en l'occurrence, cela n'a rien à voir avec les notions de culpabilité ou d'innocence. En réalité, le pardon nous libère du sentiment de haine.

Le pardon allège les fardeaux passés ; il nous permet d'aller de l'avant sereinement. Pour les nations comme pour les individus, le passé est un poids mort dont il faut se défaire. La mémoire devrait nous servir de leçon, non nous torturer. Car l'idée est de retrouver le bien-être, le bonheur et la complétude. En pardonnant une offense, on se libère du tourment.

Ne vous arrive-t-il pas régulièrement de vous faire du mal en ressassant des souvenirs douloureux? Cela n'a rien à voir avec la justice. Vous éprouvez constamment une souffrance, et il n'y a que vous qui êtes affecté. Ces souvenirs vous attristent et rendent les choses difficiles pour vos proches. Vous passez à côté du moment présent et, bientôt, lui aussi fera partie du passé. Quant à l'avenir, il est voilé par la haine. La réalité du moment disparaît au profit de moments qui n'ont jamais existé. Il est donc normal que vous ayez le sentiment d'être passé à côté de quelque chose.

Nous avons tous été cadrés par un système de récompenses et de punitions. Par exemple, nos comportements méritoires ont été récompensés par une attention positive, c'est-à-dire par des louanges ou des gestes d'affection. Pour un travail bien fait, on nous a donné une glace ou permis de passer toute une journée à jouer dehors avec un ami. Quant aux punitions, elles peuvent se traduire par une absence de réaction de la part des parents ou, au contraire, des mots durs. Il peut s'agir également de recevoir une fessée ou d'être soumis à des maltraitances physiques plus graves.

Mais on a eu également le sentiment d'être puni quand on nous a adressé des reproches, fait culpabiliser ou honte.

À l'âge adulte, nous avons appris à nous récompenser pour nos bonnes actions et à nous en vouloir pour les mauvaises. Nous éprouvons de la honte sans même savoir pourquoi. Nous nous châtions de la manière dont nous avons été punis dans notre enfance, sans nous pardonner. Ou alors, comme le font parfois les parents avec les enfants, nous négligeons notre corps ou le jugeons âprement. Ainsi, refusant d'assumer la responsabilité des histoires que nous racontons, nous reprochons à notre corps notre mal-être et notre souffrance. Puis nous allons encore plus loin : nous inventons des personnages, auxquels nous faisons endosser la responsabilité de nos tracas.

Pendant l'enfance, on nous a fait croire au Père Fouettard, aux monstres et au Père Noël, et c'est ainsi que nous avons pris l'habitude de nous sentir observés et jugés. Aussi, nous nous attendons à être punis. Comment ne pas se sentir angoissés et névrosés ? Ou alors, on craint le courroux d'un quelconque dieu auquel on nous a appris à croire. On cherche alors à apaiser les anges et à accuser les démons de choses « terribles » que l'on a soi-même commises. On s'observe en train d'agir, on condamne et on punit. En réalité, il semble que l'on veuille rester immature pour éviter d'assumer la responsabilité de notre existence.

En imaginant que nous sommes le personnage principal de notre vie, nous nous ajoutons à la longue liste des créatures fictives de l'enfance, sauf que le Moi semble être le seul à ne pas être responsable. On dit des choses telles que : « C'est ma faute ! » ou « Je ne peux m'en prendre qu'à moi-même », mais ce n'est pas du mental ni du personnage principal de notre histoire dont nous parlons. C'est presque toujours le corps humain que l'on accuse. Généralement, on le juge coupable.

Lorsque le personnage principal se comporte en juge, notre corps réagit en prenant peur. À ce moment-là, le Moi représente le caïd de notre école, prêt à jouer des poings et à intimider. Chez tous, le personnage principal de l'histoire est un mélange de législateur, de juge, d'exécuteur et de président d'une nation très personnelle. Aussi, il nous appartient d'être attentifs à la manière dont nous parlons à travers le Moi.

Un mental indulgent est juste, car le pardon guérit. Nous n'avons pas l'obligation de nous punir pour nos erreurs passées ni d'en imaginer de nouvelles. Quelles que soient les circonstances, nous faisons tous de notre mieux. Et demain, nous pourrons faire encore mieux, à condition de ne pas avoir peur du personnage qui est à la tête de notre système judiciaire, c'est-à-dire du juge. Nous avons tous besoin d'un équilibre des pouvoirs qui ne peut être atteint que par la conscience de soi. Nous devons nous assurer que nos lois cessent de faire du tort aux êtres humains et que notre réalité n'est pas dirigée par un dément.

Comment se comporte le dément? Il manque de respect à l'égard du corps humain et le punit pour ses propres erreurs. Il se ment. Il prend tout à cœur. Il invente des conflits et savoure les drames qui s'ensuivent. Il laisse son autosuffisance prendre les décisions à sa place. Il se laisse contrôler par la peur. Mais il est déraisonnable de se disputer pour des opinions. Il est épuisant de vouloir à tout prix avoir le dernier mot. Et il est autodestructeur d'aimer conditionnellement. Malgré tout, nous nous laissons constamment aller à ce genre de folie. Et nous en payons le prix.

Il semble que nous trouvions une multitude de prétextes pour nous faire souffrir. Pour beaucoup, la souffrance est une véritable dépendance et nous sommes très créatifs en la demeure. Nous voulons à tout prix avoir raison et, lorsqu'on nous montre qu'on a tort, nous en souffrons. Nos propres jugements nous font du mal et nous imaginons constamment que nous sommes jugés. En outre, nous pâtissons de nos mauvaises habitudes, mais nous accusons la cigarette, les drogues ou l'alcool.

Ou alors, nous rejetons la faute sur la nourriture, le sport, notre éducation ou encore nos proches. Et, bien sûr, nous en voulons à notre corps physique de nous avoir laissé tomber.

Il est peut-être difficile de se l'avouer, d'autant qu'il peut paraître compliqué de remédier à la situation, mais il suffit de quelques prises de conscience pour qu'un système corrompu redevienne exemplaire. Nous pouvons nous respecter, sans raison particulière ou pour toutes les raisons du monde. Nous pouvons devenir notre champion, notre meilleur ami et refuser de souffrir, quelles que soient les circonstances.

À quoi sert-il de souffrir ? Le problème est presque toujours une question de leadership. Un dirigeant fiable s'occupera d'abord de son pays, c'est-à-dire de son corps. Un dirigeant conscient ne croira pas aux mensonges qu'il se raconte. Un dirigeant efficace ne se laissera pas intimider et ne succombera pas à la peur. Si c'est le mental qui est aux commandes, c'est parce que nous le laissons faire. Nous croyons au personnage qu'il a créé et nous le laissons parler en notre nom. Nous croyons à ses opinions et à ses souvenirs, mais le Moi ne représente pas la vérité.

Car le mental ne saurait la reproduire. La vérité est une énergie pure. Il est révélateur et capital de prendre conscience que l'on est en réalité une énergie, la vérité. Le mental continuera de parler, donnant l'impression d'être un ami avisé, mais nous ne sommes pas obligés de le croire. À tout moment, nous pouvons cesser de nous laisser tirer vers le bas et décider de nous élever.

Le Moi est le point de vue du reflet de *la vie*. C'est une intelligence artificielle. Les informations concernant *la vie* sont filtrées par toutes les pensées et caractéristiques que nous nous sommes attribuées. Le personnage principal a une intelligence propre, mais chaque Moi est différent ; tout dépend du développement du cerveau et des circonstances de notre vie qui influencent notre corps physique. Chacun d'entre nous s'identifiant à ce personnage, il nous est difficile de séparer le Moi de la réalité.

Par voie de conséquence, nous laissons le Moi prendre le dessus, sans interférer.

8

Le grand chef

En essayant de répondre à la question « Qui suis-je ? », on peut commencer à percevoir ce que l'on n'est pas. Vous n'êtes pas votre corps, mais le gardien de son bien-être et de son intégrité. Vous n'êtes pas les histoires que vous vous racontez. Vous n'êtes pas non plus le personnage principal de ces histoires, alors que vous croyez l'être, au point que vous êtes parfois disposé à mettre en jeu votre vie pour défendre votre point de vue. Vous n'êtes pas votre mental, mais vous êtes responsable des messages qu'il envoie à votre corps. Vous êtes également responsable du message qu'il transmet au reste de l'humanité par l'intermédiaire de votre corps.

Comme nous l'avons vu, votre mental a appris à fonctionner tels les trois pouvoirs associés au gouvernement. Il se compose d'abord d'un Parlement qui légifère. Puis vient ensuite le système judiciaire qui fait respecter ses lois par un système de récompenses et de sanctions similaire aux méthodes que votre famille et votre communauté ont employées pour vous cadrer. Enfin, dans ce chapitre, vous découvrirez l'exécutif, et notamment le « président », dont la responsabilité est de prendre les décisions.

Tout d'abord, comprenez que le « chef de votre état » (intérieur) n'est pas réel. L'être qui dirige votre mini-gouvernement est tout droit sorti de votre imagination, mais cela ne l'empêche pas d'avoir le pouvoir d'affecter votre monde.

Quel genre de leader voulez-vous être ? Souvenez-vous, vous ne pouvez donner ce que vous n'avez pas. Si vous voulez être plus compatissant, vous devez vous traiter avec compassion. Si vous voulez propager la vérité autour de vous, cessez de vous mentir. Et si vous voulez aimer quelqu'un de la manière la plus authentique qui soit, aimez-vous sans poser de conditions.

À l'instar de toute forme de gouvernement, le mental doit prendre des décisions saines qui servent le corps. Sinon, les dépendances du premier sont celles du second. Aussi, nous devrions tous cesser de trouver des excuses à notre souffrance. Que le corps physique soit en bonne santé ou malade, il a besoin de quelqu'un de confiance pour prendre soin de lui. Il ne peut s'épanouir si on se montre déraisonnable et si on lui force trop la main. Car il a besoin de réconfort, non de critiques. Il a besoin de messages positifs, non de messages négatifs. Il a besoin de rire.

Un dirigeant responsable gouverne avec justesse. Un chef sage a conscience de son influence sur l'esprit et le cœur d'autrui, et il use de son pouvoir précautionneusement. De plus, il a conscience des déséquilibres et préjugés existant au sein de son administration. Si un chef d'État n'agit pas en conscience, c'est tout le pays qui souffre. Réfléchissez au genre de leader que vous êtes ou que vous voulez être, et songez quotidiennement aux personnes sur lesquelles vous avez de l'influence.

Si l'on veut présider notre corps (notre pays) plus sagement que par le passé, il nous faut évaluer avec justesse notre manière de gouverner. Nous devons être honnêtes avec nous-mêmes, admettre nos erreurs et être disposés à changer. Les trois pouvoirs doivent assumer la responsabilité du bonheur de l'individu. Si nous ne sommes pas disposés à prendre en charge notre évolution personnelle, le corps continuera d'en subir les conséquences.

Le personnage principal de notre histoire, le Moi, veut tout diriger. Mais le problème est que le Moi se pose depuis longtemps en victime. Il se sent persécuté par le système ou jugé par la société.

Il est sans arrêt sur la défensive. Aussi, comment peut-il être un leader fort ? Et comment pourrait-il s'ériger en juge impartial ?

De même, le Moi peut être constamment en colère ou plein de rancœur. S'il critique systématiquement, comment peut-il travailler en harmonie avec les autres aspects du gouvernement ? Si le Moi est un juge et en même temps un petit tyran, comment peut-il avoir la sagesse nécessaire pour guider la nation ? Comment les accords informels sont-ils établis entre dirigeants et comment les traités sont-ils approuvés ?

Beaucoup ont à la tête des forces armées de leur pays une victime. Du coup, c'est une menace pour toute la nation. Qu'est-ce qu'une victime ? C'est quelqu'un qui se plaint en permanence. Quelqu'un qui voit l'injustice partout et qui insiste pour qu'on le « traite justement ». Mais où est la sagesse, lorsqu'un individu seul veut monopoliser l'attention de tous ? Et où est la justice dans un système géré par les besoins d'un seul individu qui se préoccupe peu des besoins des autres ?

Quand on se pose en victime, on devient déraisonnable. Quand on éprouve un sentiment d'insécurité, les petites batailles tournent aux grands conflits. Et quand la guerre est déclenchée, qui en paie le prix ? Le corps. Et, ensuite, il est difficile de retrouver le bien-être. On se sent agressé physiquement et démoralisé simplement à cause de ce que l'on pense être vrai.

L'esprit est *la vie*, et *la vie* est ce que nous sommes vraiment. Nous sommes spirituellement matures dès lors que nous avons établi un lien étroit avec *la vie*, que nous savons faire la différence entre la réalité et l'illusion. On ne peut vivre de belles relations quand on est obsédé par le Moi et par tout ce qui le préoccupe. Et la paix ne pourra exister tant que l'on continuera d'alimenter des conflits intérieurs et extérieurs.

Notre corps ressent le stress et l'angoisse que nous créons en nous posant constamment en victime ou en juge. Il est donc d'autant plus important de réfléchir à la manière dont nous nous dirigeons, c'est-à-dire dont nous légiférons, dont nous exécutons les décisions et dont nous choisissons nos châtiments. C'est le corps qui ressent le premier les maltraitances, mais il n'y a pas que lui. Comment traitons-nous tous les citoyens de notre nation ? Comment traitons-nous les personnes qui travaillent avec nous, celles qui vivent à nos côtés et celles qui dépendent de nous ? Nous pouvons leur montrer les effets d'une mauvaise gouvernance sur des personnes bienveillantes, ou leur montrer comment être fonctionnel et heureux dans la vie.

Si notre développement physique est intégré à notre ADN, notre évolution spirituelle nécessite en revanche notre attention et notre volonté. En effet, la manière dont le personnage principal raconte son histoire influence l'humeur du pays et de ses alliés les plus proches. Les êtres humains sont des animaux sociaux et le mental reflète notre besoin d'être en contact avec autrui. Il aime nouer des liens avec le mental des autres. Il crée des forteresses dans les rêves des autres en détachant ses meilleurs ambassadeurs (les mots et les idées). Ces derniers fondent des ambassades dans la réalité d'autrui en revendiquant une certaine influence sur eux.

Une fois que l'on a pris place dans le mental des autres, il est tentant de se mêler de leurs affaires. On pourra remettre en question leur culture, en ne tenant pas du tout compte du fait que nous nous sommes immiscés dans leur monde. Nous avons un effet positif sur les autres quand nous faisons preuve de respect à l'égard de leurs traditions et croyances. On crée la paix en honorant le mode de fonctionnement des autres, sans leur imposer notre loi.

Nous aspirons tous à la paix. Nous avons tous envie de vivre dans un monde sûr. Nous voulons nous sentir en sécurité et être fiers de nous-mêmes. Il est étonnant de voir que nous aimons faire les louanges du pays dans lequel nous habitons sans jamais avoir appris à nous réjouir d'habiter dans un corps. En effet, notre corps physique est une extension de nous-mêmes. Il abrite notre mental et l'énergie infinie qui circule en nous. En sommes-nous fiers ? Sommes-nous prêts à le protéger, y compris de nos opinions préférées ?

Quand on voyage, on s'aperçoit que les personnes issues d'autres cultures aiment nous entendre décrire notre pays. Il est agréable de leur raconter sa beauté naturelle et ses nombreuses libertés. Maintenant, écoutez ce que vous racontez aux autres durant une journée ordinaire au sujet de votre corps. En parlez-vous avec amour et respect, ou en le ridiculisant ? Et comment le dirigez-vous ? L'inspirez-vous ou l'intimidez-vous ? Faites-vous preuve de bienveillance, de générosité et lui permettez-vous de dépasser l'histoire que vous lui racontez ? Éveillez-vous à travers lui un sentiment de sécurité chez autrui ? Êtes-vous fier de ce corps qui vous donne tellement de privilèges ?

C'est le chef de votre État qui perçoit et décrit tout. C'est le personnage principal de votre histoire qui lit ces lignes. Vous êtes le président de votre nation intérieure et vous vous soumettez à toutes les règles que vous avez mises en place d'après ce que vous avez observé tout au long de votre vie. Comme vous le comprenez, c'est vous qui créez les règles et qui les faites appliquer, qu'elles semblent justes ou non. Votre influence est déterminée par vos propos. Votre impact est fonction de votre autorité.

Si vous saisissez de quelle manière votre nation est dirigée, vous remarquerez peut-être aussi que tous les gens qui vous entourent sont les chefs de leur État. Votre mère a son propre gouvernement. De même que votre père, vos frères et sœurs, vos amis.

Vous cherchez les moyens de participer à ces gouvernements. Et, pour avoir cette influence, vous passez par la conversation. Les idées que nous émettons en envoyant des SMS, en parlant, en chantant ou en filmant, sont transmises aux mentaux des autres. Nos ambassadeurs entrent en contact avec les autres nations, et nous-mêmes accueillons ceux des autres pays. Nous avons tous de l'influence, sur nous-mêmes, sur notre famille, sur notre tribu, sur notre ville. Ensemble, nous influençons l'humanité et, par là même, l'équilibre de la vie sur Terre.

Le fait d'avoir conscience de ce pouvoir devrait nous encourager à en faire un usage responsable. Les êtres humains ne peuvent contrôler la planète, mais ils peuvent lui faire du tort. De même, en tant que « présidents », nous ne pouvons contrôler le corps dans lequel nous vivons, mais nous pouvons lui faire du mal. Nous ne pouvons l'empêcher de vieillir ou de tomber malade, mais nous pouvons lui nuire par le biais de nos actes, de nos réactions et de nos négligences. Nous pouvons l'apaiser, ou bien nous pouvons le léser, l'empoisonner et le corrompre. Et nous ne nous gênons pas. Encore une fois, la corruption est le problème. Et la vérité est la solution.

Qu'est-ce que la vérité? Elle ne saurait être expliquée par des mots. D'ailleurs, ceux-ci auraient plutôt tendance à nous en éloigner et à créer une réalité qui leur est propre. Cependant, nous savons tous instinctivement que nous ne sommes pas seulement une accumulation de mots et de théories. Avant d'apprendre une langue, nous étions dans la complétude. Pour la retrouver, nul besoin de nous en remettre à des symboles. Car les mots sont nos émissaires mais, encore une fois, ils ne représentent pas la vérité.

Fermez les yeux et ressentez l'énergie qui circule en vous. Sentez sa présence sous votre peau ; elle la réchauffe. Soyez attentif à votre respiration, aux battements de votre cœur et à vos clignements d'yeux. Faites bouger vos doigts, vos jambes, votre tête et ressentez la force qui se trouve derrière chaque mouvement et le commande. Cette force, c'est *la vie* qui s'écoule dans tout votre univers. Chaque émotion est réelle. Chaque perception sensorielle vous dit la vérité. À l'inverse, les pensées qui manipulent vos émotions sont irréelles.

Vous êtes énergie pure, force de vie. Il n'y a rien d'autre de réel. Le mental est un reflet de la vérité et, à ce titre, il ne fait que tenter de la représenter. Mais un reflet n'a que la qualité du miroir. C'est l'énergie de la vie qui est réelle. C'est ce que vous êtes, ce que nous sommes tous. Nous n'avons pas à prouver que nous sommes dignes. Mais nous l'oublions, pensant qu'il nous faut nous battre pour être reconnus, puis pour préserver notre statut. Nous voulons absolument l'attention des autres. Nous nous disputons à cause d'idées et d'opinions, au détriment de notre santé émotionnelle. Et nous nous efforçons de nous comprendre et de nous faire comprendre.

La vie est vérité, mais elle n'a pas besoin d'être comprise. Pour survivre, elle n'a besoin ni de preuves ni qu'on ait foi en elle. Et elle n'a certainement pas besoin de nos histoires. Car la vérité existait avant elles, avant l'humanité ; et elle nous survivra. Il n'y a pas besoin d'une pensée ou d'une théorie pour nous montrer la vérité. Car cette dernière peut être ressentie derrière notre soif de vivre.

Si nous comprenons de quelle manière nous nous dirigeons, nous pouvons créer un gouvernement bienveillant. Nous pouvons changer le tempérament de son chef. La plupart des gens sont intimidés par le pouvoir, mais sont prêts à en faire usage contre eux-mêmes. Partout, on peut voir la violence ; mais celle que nous infligeons à notre corps est invisible. Nous l'avons torturé pour le rendre plus mince, plus fort ou plus attrayant. Nous avons été durs avec lui en essayant souvent de réprimer ses envies naturelles. Mais, en en prenant conscience, il est possible de changer. Le corps humain nous sert fidèlement ; à ce titre, lui aussi mérite que nous lui soyons fidèles.

Nous imaginons que *la vie* nous est favorable ou que, au contraire, elle nous maltraite ; mais, en réalité, *la vie* est ce que nous sommes. Notre mental peut imaginer beaucoup de choses ; aussi, imaginez de quelle manière le mental peut aller dans le sens de *la vie*. Imaginez que, en ce moment même, vous abandonniez tout contrôle pour l'offrir à *la vie*. Imaginez que, une journée durant, vous ne soyez pas forcé d'être le Moi. Avec un peu d'imagination, nous pouvons nous gouverner différemment et trouver des solutions à des problèmes récurrents. Après tout, l'imagination et la résolution de problèmes sont ce que le mental fait de mieux. Nous sommes tous en train de créer la réalité que nous pensons mériter, et chacun d'entre nous a défini son personnage central. Chacun voit le monde à travers le prisme du Moi, qui est en pilotage automatique puisqu'il établit des règles et les exécute inconsciemment. Mais, comme dans toutes les grandes histoires, un héros peut apparaître. Un sauveur peut venir à la rescousse.

En réalité, la seule personne qui puisse vous sauver est le personnage principal de votre histoire. Celui que vous appelez le Moi n'est pas réel ; pourtant, il affecte votre réalité. Et, plutôt que de percevoir la vérité, la plupart d'entre nous s'inclinent devant leur voix intérieure. Nous écoutons nos pensées. Nous les croyons et leur obéissons, au détriment de notre bonheur. Notre attention se porte sur les conversations, périodes et années passées. Il a certes fallu du temps et de la patience pour créer ces habitudes, mais il faut beaucoup moins d'efforts pour s'en défaire. Nous avons les outils nécessaires pour nous guider : l'attention, la mémoire et l'imagination.

Si le Moi est le problème, il est aussi la solution. Votre État a déjà un chef qui veut être sage et compatissant. Si vous vous posez les grandes questions de la vie, vous avez peut-être déjà intérieurement un président prêt à donner la priorité au bien-être du pays. Vous avez peut-être déjà un pouvoir législatif qui a envie de modifier ses lois et un système judiciaire qui respecte tous les individus. Vous pouvez probablement déjà sentir ce qui est réel et ce qui ne l'est pas. Cela signifie que vous êtes prêt à franchir un cap.

Le changement nécessite de passer à l'action. Un acte en engendre un autre, puis un autre, jusqu'à ce que de nouveaux comportements deviennent des habitudes, des automatismes, et que le changement soit visible. Avec le temps, la réaction des gens change et ils vous perçoivent différemment. Il n'y a pas besoin de se tourner vers d'autres gouvernements pour trouver des solutions. Vous avez déjà tout ce qu'il vous faut pour bâtir un État sain et prospère. Vous avez à votre disposition la volonté et la conscience.

Aussi, si ce que nous appelons la réalité est virtuel et si le Moi est irréel, qu'en est-il du monde qui nous entoure ? Et quoi d'autre n'est pas réel ?

Quelles autres perles de sagesse n'avons-nous pas prises en compte ?

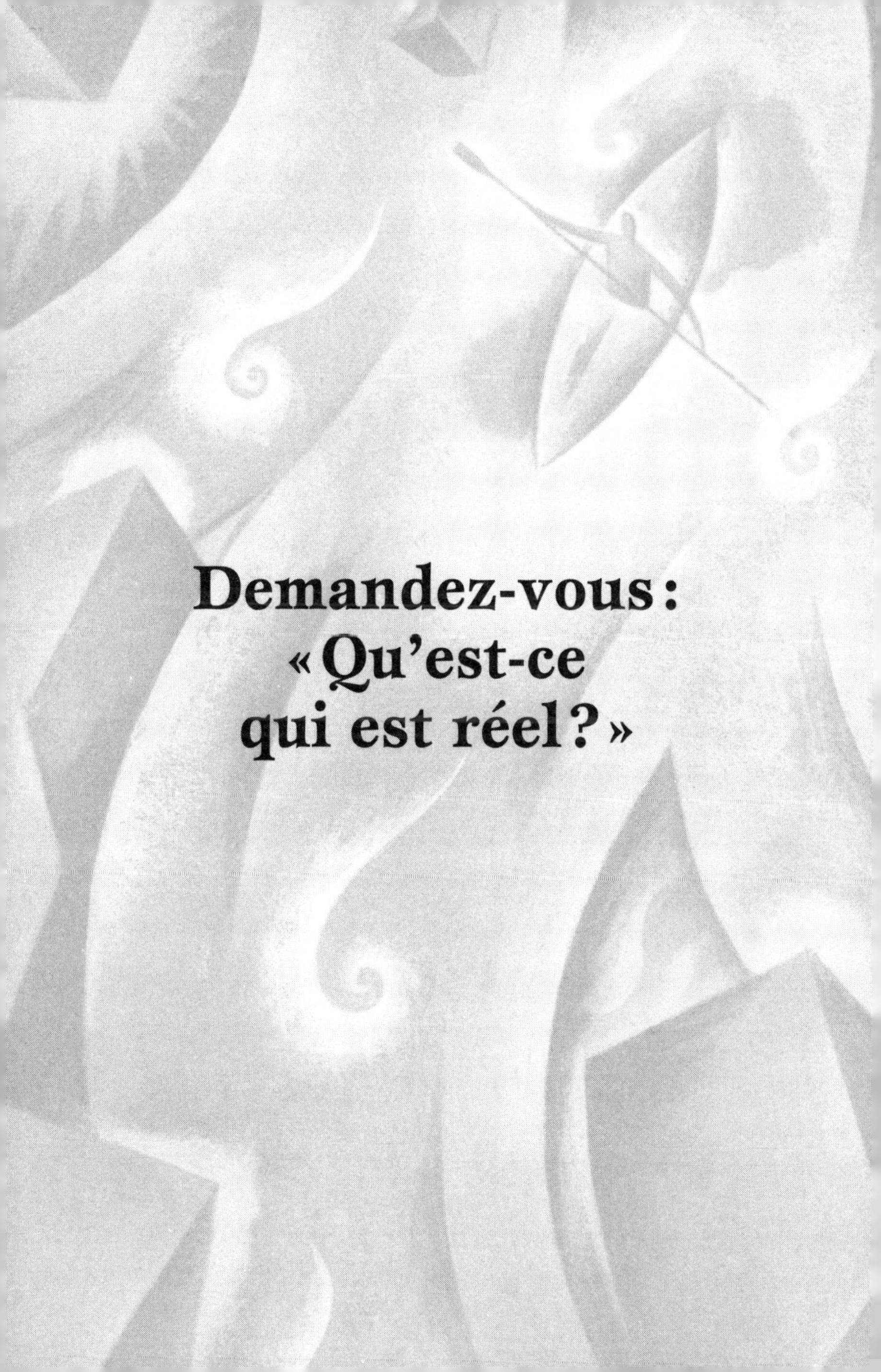

Demandez-vous : « Qu’est-ce qui est réel ? »

9

La deuxième perle

« Qu'est-ce qui est réel ? »

Tu le sauras quand tu accepteras ce qui n'est pas réel.

Une fois que l'on apprend à remettre en question notre histoire, on commence à percevoir ce que l'on n'est pas. On prend alors conscience de la vérité. Car tout peut être perçu d'un point de vue infini. En grandissant, vous avez pris l'habitude de considérer que c'est la vie qui fait de vous ce que vous êtes, voire de vous poser en victime des circonstances. Mais, en plaçant différemment votre attention, vous changez de perspective : en réalité, vous êtes l'artiste qui est à l'origine de votre création. Vous êtes énergie.

En nous posant la question « Qu'est-ce qui est réel ? », nous remettons en cause ce que nous pensons savoir. Rien n'est tel que nous l'imaginons. Encore une fois, comparez le cerveau à un miroir.

Si l'on tend la main pour toucher l'image qui apparaît dans un miroir, on touchera le verre qui le compose, et non l'objet reflété. Le mental se sert des informations reçues par le cerveau pour créer une image de la réalité. Ainsi, la pensée est un reflet. Si l'on essayait physiquement de toucher une pensée, ce serait impossible.

Le miroir nous sert à avoir une idée de notre apparence. Nous dépendons de l'exactitude de son reflet, mais il est toujours en partie déformé. Ainsi, le mental reflète la vérité d'une façon qui lui est propre. Il la perçoit à travers le filtre des idées et des opinions existantes. Il voit ce qu'on lui a appris à anticiper. D'une manière ou d'une autre, nous percevons tous un reflet déformé de la vérité.

En quoi cela est-il important ? Comme nous l'avons précédemment découvert, nous nous identifions au mental. Nous sommes totalement convaincus d'être le personnage principal de la réalité qu'il crée. Mais imaginez ce qui se produirait si le reflet prenait conscience de lui-même. Cela engendrerait probablement une très grande perturbation. Que se passerait-il si vous preniez conscience que vous n'étiez ni vos pensées, ni vos croyances, ni même le Moi ?

Peut-être est-ce difficile à imaginer et trouvez-vous cette perspective peu engageante. Peut-être trouvez-vous même perturbant le seul fait de parler du mental, du miroir et du reflet. C'est bon signe. Cela indique que vous venez de remettre en question une croyance. Bien sûr, vous pouvez nier cette perturbation, mais vous pouvez également admettre sa présence, et même en tirer parti.

Si vous reconnaissez que votre mental est un reflet de la réalité, qui plus est assez inexact, vous prendrez conscience que votre vision des choses n'est qu'une interprétation de la réalité, parmi sept autres milliards d'interprétations individuelles. Dès lors, vous pouvez faire une expérience. Vous pouvez envisager différemment ce que vous dit le reflet en tournant votre attention vers vos sens. Prenez conscience de vos sensations physiques et émotionnelles. Sont-elles liées à un souvenir ? Constituent-elles une réaction à une histoire en cours ? Que vous racontez-vous, et pourquoi ?

Quand vous ne pensez pas, votre corps est libre de ressentir sans votre interférence. Il régule alors par lui-même vos humeurs. Il vous indique que quelque chose ne va pas sur le plan physique, et vous en prenez conscience. Vous pouvez alors modifier vos réactions habituelles, par exemple la colère, l'indignation ou la peur. Vos émotions vous donnent des informations, et c'est exactement ce qu'elles sont censées faire. Mais nulle émotion ne devrait devenir addictive ou chronique et vous bouleverser.

Imaginez cela, et cela pourra arriver. Imaginez que vous trouvez automatiquement un équilibre émotionnel. Imaginez que vous vérifiez constamment vos pensées, quoi qu'il arrive autour de vous. Cela peut paraître étrange mais, en pensant moins, vous répondrez plus facilement à la question : « Qu'est-ce qui est réel ? » En percevant sans penser, vous pourrez prendre conscience de ce qui n'est pas réel et ne l'a jamais été.

La perception pure n'a rien à voir avec ce que vous vous racontez ni avec ce que les autres vous disent. Cessez de penser, et vous pourrez observer, écouter, ressentir. Derrière tout ce que vous voyez et vivez, la vérité est là, évidente. Restez quelques instants en silence. Entendez-vous la voix du Moi qui commente l'instant ? Elle pourra vous expliquer ce que vous êtes en train de lire ou anticiper ce que vous ferez à la fin de votre lecture. Il se peut qu'elle fasse des commentaires sur autrui pour se distraire : untel a fait ceci, untel a dit cela. Peut-être se plaît-elle à engager des conversations qui n'ont pas eu lieu et qui ont peu de chances de se produire.

Vos pensées suivent un scénario, avec souvent un début, un milieu et une fin. Il inclut des personnages familiers, que vous pensez bien connaître pour l'essentiel. Votre réalité est peuplée d'autres personnages, qui ne sont pas tant des personnes réelles que les choses que vous pensez savoir d'elles. Certes, il se produit des événements et ces personnes existent, mais la compréhension que vous en avez constitue la trame de vos rêves. Car, en fait, notre réalité est un rêve.

Quand nous sommes réveillés, notre rêve tourne généralement autour d'événements réels que nous interprétons tous différemment. En effet, nous percevons les choses en fonction de nos croyances et suppositions. Comme nous l'avons vu, tout le monde croit le « président », quoi qu'il dise, et nous obéissons tous à des lois existant au sein de notre réalité personnelle.

Quand nous sommes endormis, nous continuons de rêver, mais les lois sont différentes, voire inexistantes. Par exemple, il est possible que la loi de la gravité n'existe plus, que les lois de la physique soient ignorées et que les bases de la logique perdent leur sens. Ainsi, les rêves que nous faisons la journée se conforment à des lois physiques, sociales et civiques, tandis que les rêves que nous faisons la nuit n'en tiennent pas compte. Dans tous les cas, nous rêvons. Nous avons tous des impressions distinctes de ce qui se passe dans l'instant, où que nous soyons et quoi que nous fassions. Cet instant est bien réel, mais nous nous racontons une histoire à son sujet. Telle est la nature, magique et merveilleuse, du mental humain : il transforme la réalité en symboles et en impressions. Mais il ne faut pas perdre de vue que cela crée des réactions émotionnelles dans le corps.

On peut atteindre la maîtrise du rêve diurne, de même que l'on peut modifier la tournure des rêves nocturnes. Ainsi, avant de s'endormir, on peut se rappeler que l'on veut se réveiller en cas de cauchemar récurrent. On peut laisser des indices, par exemple se pincer ou mettre à l'épreuve les personnages menaçants lors d'un rêve nocturne. Il en va de même le jour. Il suffit de nous rappeler que nous rêvons constamment, tout au long de la journée. Tout le monde rêve, et la réalité des autres se fonde sur ce qu'ils considèrent comme vrai, comme pour nous. Mais notre rêve n'a rien à voir avec ce que nous sommes, à moins que nous le décidions.

Chacun a le pouvoir de rediriger sa réalité. Chacun a la possibilité d'en modifier le message. Nous avons créé une idée de nous-mêmes en écoutant l'opinion de nos proches. Ils nous ont raconté leur version de l'histoire, leur perception de ce que nous sommes. Nous ne pouvons la changer et il est inutile d'essayer. En revanche, nous pouvons nous occuper de notre rêve.

À tout moment, nous pouvons modifier notre reflet pour qu'il réfléchisse mieux la vérité. Nous pouvons cesser de supposer que nous en savons plus que les autres et commencer à nous poser des questions. Nous pouvons cesser de toujours nous imaginer que nous avons raison. Ce n'est en rien une marque de faiblesse que de renoncer au besoin de savoir. On peut même remettre en question ce savoir. On peut ne pas tenir compte de nos propres conseils et avoir davantage confiance en *la vie*. Alors, le Moi change. En adoptant le point de vue de l'énergie, on lâche prise sur les petites obsessions. En plaçant le regard au-delà des préoccupations, on peut apprécier l'infini.

Chacun d'entre nous est énergie pure enfermée dans le rêve de la matière. Nous pensons savoir qui nous sommes. Nous imaginons pouvoir faire la différence entre la réalité et l'illusion. Nous croyons que toutes nos hypothèses sont vraies, jusqu'au moment où nous nous mettons à douter. C'est le premier élément de réponse à la question : « Qu'est-ce qui est réel ? » Quand nous remettons en question nos croyances, notre perception de la réalité commence à changer.

10

Vivre sous la tyrannie

Il n'existe qu'une seule vérité : l'énergie. C'est la force qui crée et maintient l'Univers. Nous utilisons plusieurs mots pour la qualifier : *vie*, vérité, dessein ou amour. Tous relèvent du même phénomène. L'énergie est *la vie*. Quant à la matière, elle en est une imitation. Elle est une pseudo-vérité. Le mental est un reflet de cette vérité et, à l'image de la peinture que nous avons évoquée, il donne de nombreuses indications au sujet de l'artiste qui se trouve derrière.

Notre perception de la réalité change en permanence. De ce point de vue, nous ne nous reposons sur aucune base solide. La réalité n'est pas ce que nous imaginons qu'elle est en cet instant. Elle n'est pas non plus ce qu'elle semblait être il y a une minute. De plus, dans une minute ou une heure, elle changera encore – le changement étant perpétuel. Nous aimerions penser qu'elle est figée, solide.

Nous aimerions que notre perspective de la réalité soit celle de tout le monde. Nous aimons nous sentir en sécurité en pensant que le monde est conforme à ce que nous pensons mais, comme vous le savez, les impressions changent. Tout le monde évolue, se transforme, qu'on en ait conscience ou non.

Quant au personnage principal, lui aussi change constamment. Tout a commencé bébé, quand nous avons appris à parler, puis à penser. La pensée est l'acte par lequel on se parle à soi-même. Nous avons imité d'autres personnages, dit la même chose qu'eux, eu les mêmes pensées qu'eux, jusqu'à ce que nous ayons eu suffisamment confiance en nous pour relater notre propre rêve. Le Moi que nous avons d'abord imaginé n'était pas celui qui est allé en maternelle et qui a appris à interagir avec d'autres Moi. Notre Moi n'est pas ce qu'il était à l'époque ni ce qu'il est devenu à l'université, puis en se mariant. Le Moi qui est aujourd'hui un parent a déjà du mal à se souvenir du Moi qui était célibataire.

La personne que nous pensons être a changé au fil des années, à mesure que nous avons accumulé de l'expérience et traité de nouvelles informations. Elle a agi parfois égoïstement, d'autres fois généreusement. Elle s'est montrée par moments irréfléchie, à d'autres moments responsable. Elle a négligé son corps physique avant de s'en occuper avec dévouement. Les attributs du Moi changent en permanence. Et, à mesure que le Moi change, sa perspective de la réalité évolue.

Tout être humain perçoit la réalité (légèrement ou très) différemment des autres. Notre réalité change au gré des circonstances. Elle paraît différente en fonction de l'endroit où nous sommes assis, debout ou en train de marcher. En faisant un pas dans une nouvelle direction, notre vision du monde change et, instantanément, nous voyons des choses qui étaient auparavant hors de portée. Si nous sommes allongés, notre point de vue est différent de quand nous sommes debout sur une échelle. Lorsque nous sommes sur un vélo, les scènes que nous voyons défilent à une allure différente de quand nous sommes en voiture. Ce que nous appelons la réalité relève plutôt de la séance de cinéma.

Il suffit de changer de pays, de langue ou de culture pour que notre perception de la réalité soit bouleversée. Les odeurs ne se ressemblent pas ni les bruits. Nul ne parle comme nous. Nos moindres habitudes sont perturbées. Partout, les gens trouvent les moyens de se nourrir et de s'abriter différemment. Ils élèvent leurs enfants et subviennent aux besoins de leur famille, mais les règles changent en fonction de l'endroit ; le paysage de la réalité est en évolution constante. Si nous l'acceptons, nous pouvons commencer à nous réveiller et à être attentifs.

Quand nous vivons un événement traumatisant, nous sommes ébranlés et notre monde bascule soudainement. Peut-être ne sera-t-il plus jamais le même. Un accident de voiture ou la perte d'un proche donne tout d'un coup le sentiment que l'existence est menaçante et imprévisible. Ainsi, au cours d'une crise, le mental cesse son récit et ne sait pas trop par où le reprendre. Le temps ralentit, accélère ou perd son sens. Pourquoi une tragédie a-t-elle cet effet sur nous ? Elle est là pour créer des changements qui semblent trop difficiles à accepter pour le mental. Il peine alors à réintégrer l'ancien Moi dans le nouveau contexte, dans la nouvelle réalité. Pour un mental qui n'a pas appris à être l'allié du corps, le combat se termine généralement par une sensation d'échec. On se sent déchiré, abandonné par la vie.

Le mental est un allié quand il s'adapte à des changements soudains, qu'ils soient tragiques ou magnifiques. Notre existence inclut une multitude d'événements et de possibilités. Chaque expérience fait partie intégrante de la vie. Toutes les émotions sont acceptables. Nous ne sommes pas obligés de jouer un rôle ou de dramatiser nos sentiments. Nous ne sommes pas forcés de nous conformer à la programmation de notre mental et de réagir à des événements comme on nous l'a appris. Nous ne devons pas nécessairement respecter des lois désuètes. À tout moment, dans toute situation, nous pouvons faire nos expériences en adoptant la perspective de *la vie*.

La loi de *la vie*, pourrait-on dire, est de créer et de ne jamais cesser de le faire. La transformation est la caractéristique première de *la vie*. *La vie* n'a pas de Moi. Elle ne se pose pas en victime et n'adresse jamais de reproche. Du point de vue infini de *la vie*, il n'existe pas de juge ; *la vie* ne fait pas de jugement. De son point de vue, il n'existe ni délit ni sanction, mais seulement des transformations. Car l'énergie évolue en permanence. Elle est partout, infinie, éternelle. Nous le savons, mais nous ignorons que nous sommes énergie. Nous pensons en être séparés, et donc être coupés de la vérité.

Nous vivons dans un monde fait de règles et prenons rarement du recul. Ces règles perdent leur sens quand nous dormons, avant de le retrouver dès que le mental se réveille, ou presque. Car il y a un moment, avant d'ouvrir les yeux, où nous ne sommes pas sûrs de savoir où nous sommes, qui nous sommes. Ce moment est éphémère, car nous avons appris à nous « reconstruire » automatiquement. Nous l'avons fait tellement de fois que nous n'avons pas conscience de ce processus. En ouvrant les yeux, nous nous souvenons : « Je suis à la maison » ou « Je suis encore dans un hôtel… Euh, à Bordeaux, je pense. Non, on est lundi, donc je suis à Paris. »

Ayant défini où nous sommes, nous rassemblons les pièces du puzzle de notre vie, et il y en a beaucoup. Là encore, le processus est automatique et à peine visible. Nous nous rappelons nous être couchés aux côtés de telle personne et nous nous retournons pour nous en assurer. Nous nous souvenons que, au moment de nous coucher, la veille, nous étions inquiets ; alors, nous nous remettons à angoisser. Nous nous rappelons la réalité dans laquelle nous vivons et reprenons notre rêve diurne.

Si l'on ralentissait ce processus, il serait comparable à un conte de fées qu'on lirait à un enfant et qui pourrait donner par exemple : « Puis il se souvint qu'il s'appelait Kévin, qu'il s'était assoupi sous un saule pleureur après s'être enfui de sa maison, qui se trouve en bordure d'un village du nom de… » En une fraction de seconde, nous reconstituons notre histoire et retrouvons les émotions auxquelles nous étions en proie ; le Moi est alors prêt à faire face à la journée qui l'attend.

Si notre perception de la réalité n'a pas subi de perturbation récente, un schéma mental et comportemental familier se met en place chez la plupart d'entre nous. Bien sûr, il s'agit d'un schéma qui est le produit de certaines lois, nos lois. Tels de jeunes enfants s'attendant à se faire malmener à l'école, nous nous réveillons souvent avec un vague sentiment de culpabilité. D'une certaine manière, nous avons probablement failli à notre tâche et nous ne pouvons qu'espérer que nous ne nous ferons pas attraper. Nous espérons ne pas connaître de menteur ou d'imposteur. Nous espérons ne pas être jugés ou contredits. Nous sortons alors de chez nous, armés de nos meilleures histoires.

Mais, malgré nos défenses, nous ne pourrons éviter le conflit. Nous avons toutes les chances de nous heurter aux opinions des autres et de vexer quelqu'un. Même les meilleurs d'entre nous se mettent occasionnellement sur la défensive, voire deviennent agressifs. Même la plus imperturbable des personnes peut se laisser provoquer. Même le plus honorable des présidents peut par moments agir inconsidérément. Parfois, nous dirigeons notre monde avec médiocrité ; nous nous montrons décevants, pour nous-mêmes et nos proches. Il arrive même de déclencher par inadvertance un conflit.

Tant que ce conflit perdurera dans notre tête, notre relation avec autrui sera compromise. Tant qu'on n'arrivera pas à s'entendre avec soi-même, nos efforts pour nous entendre avec autrui demeureront vains. Notre tyrannie intérieure engendre une tyrannie extérieure et, bientôt, les membres de la même famille se disputent, les amis se déchirent et des communautés entières sont en proie au conflit. Chacun veut avoir raison. Tout le monde crie, personne n'écoute.

Écouter est essentiel. Nous devons d'abord nous écouter nous-mêmes. Il est important d'apprendre le langage spécifique de notre mental. Même silencieusement, il se sert de certains mots pour accuser et démoraliser le corps, mots qu'il connaît de longue date : « Quel idiot je fais ! » ; « Qu'est-ce que je suis bête ! » ; « Je suis vraiment odieux ! » ; « Je suis vraiment tordu ! » Entendons-nous cela ? Nous faisons preuve d'un grand manque de respect à l'égard de nous-mêmes, qui se reflétera dans la manière dont autrui nous parlera.

En écoutant, on peut changer la façon dont on communique avec soi-même. Même cette relation peut être fondée sur le respect. Où est passée la compassion que l'on éprouve naturellement à l'égard d'un ami, d'un enfant ou de notre animal préféré ? Bien sûr, elle est toujours là, mais on n'a jamais appris à traiter aussi bien son corps que son chien ou son chat. On pourrait aussi bien choisir de se dire, par exemple : « Allez, normalement, tu es quelqu'un de fabuleux mais, là, tu es très fatigué. » Après avoir insulté son corps, on peut s'excuser auprès de lui. On peut même en rire, avec affection.

Il n'est pas si difficile d'apprendre le langage du respect. On peut faire preuve de patience à l'égard de nos bêtises : « Malgré tout, je t'aime ! » peut-on se dire à voix haute. « Magnifique ! Tu me fais mourir de rire ! » peut-on se dire en réaction à une erreur banale. En étant juste avec soi-même, on juge le monde avec sincérité. En restant honnêtes dans notre dialogue intérieur, nous pouvons créer une confiance entre le corps et le mental, ce qui est essentiel.

Comme vous avez commencé à le comprendre, nous nous gérons inconsciemment. En revanche, le corps, lui, sait ce que nous faisons et réagit à notre tyrannie comme il réagirait à des menaces physiques. Il réagit à nos pensées toxiques comme on pourrait réagir à un virus. Il combat l'invasion et, souvent, il perd à notre insu. Se juger, comme se mépriser, est une agression. S'apitoyer sur son sort, s'inquiéter ou avoir des obsessions est une attaque que l'on fait subir à son corps.

Ce qu'il y a de plus incroyable avec notre organisme, c'est qu'il se remet seul de la plupart des maltraitances qu'il subit : les coupures se referment, les os fracturés guérissent, il s'attaque aux maladies et triomphe. Quand la température change sur notre planète, elle s'ajuste chimiquement et se stabilise. Il en va de même pour notre corps. Cependant, si les agressions qu'il subit sont constantes et ignorées depuis longtemps, les dégâts peuvent devenir irréversibles.

Nos comportements à l'égard de nous-mêmes nous affectent physiquement ; par conséquent, nous devons jouer un rôle différent. Chacun d'entre nous doit être un pacificateur, et non un tyran. Nous devons être les gardiens conscients de la liberté dont jouit le corps humain dans lequel nous vivons. Nous sommes aujourd'hui des adultes qui ne devraient plus se laisser diriger par leurs parents, frères et sœurs. Beaucoup sont désormais parents, voire grands-parents. Nous sommes responsables de nos actes et de nos réactions. Nous sommes des leaders capables à part entière.

Aussi, pourquoi insistons-nous pour déclencher des guerres intestines ? Pourquoi nous bâtissons-nous des prisons dans lesquelles nous enfermons notre corps ? Pourquoi voulons-nous à tout prix que les autres souffrent comme nous ?

Quand on a le sentiment d'être traité de manière inconvenante, on réplique. Quand notre vision de la réalité est rigide, on se sent piégé. Bien sûr, on a envie de fuir. Naturellement, on veut goûter à la liberté véritable. Alors, qu'est-ce qui nous en empêche ?

11

Sortir de prison

Nous nous rappelons tous ce que cela fait d'être adolescent et d'en avoir assez des indignités de l'enfance. On a envie de quitter ses parents. On veut s'évader de la prison familiale. Peut-être certains lecteurs sont-ils encore adolescents ; mais, même à l'âge adulte, la plupart des gens ont besoin d'échapper à quelque chose. Et, même quand on vieillit, on veut toujours exercer son indépendance. Ce besoin de liberté est naturel mais, au fond, qu'est-ce qui l'entrave ?

Même si les circonstances extérieures paraissent tout à fait injustes, les sentiments oppressants sont de notre fait. Nous nourrissons certaines idées désagréables à notre encontre. Nous nous accrochons à des peurs irrationnelles et créons des superstitions hasardeuses. Nous nous disons que nous ne pouvons pas faire quelque chose, que nous ne le devrions pas, etc. Nous demandons à faire pénitence, parce que nous prenons trop de plaisir.

Nous nous sanctionnons pour avoir enfreint des règles tacites. Nous nous faisons même payer les pots cassés pour avoir aimé.

L'oppression existe. Dans le monde, il existe de vraies prisons, avec de vrais détenus, mais la plupart des gens sont opprimés par leurs propres histoires et peurs. Ils sombrent dans le désespoir à cause de croyances qu'ils refusent d'abandonner. Ils sont harcelés par des voix qu'eux seuls peuvent entendre. Il n'y a que vous qui puissiez savoir quelles exigences vous avez à l'égard de vous-même. Il n'y a que vous pour penser à vous punir. Aussi, écoutez-vous. Écoutez-vous raconter aux autres que vous ne faites pas ceci, que vous ne mangez pas cela, ou que vous n'êtes pas du genre à faire telle ou telle chose. Écoutez vos pensées et prenez conscience que vous vous rudoyez. Parfois, vous ressemblez à votre père, à votre mère ou à votre professeur de mathématiques. Mais, essentiellement, vous ressemblez au personnage que vous avez inventé de toutes pièces pour rester dans le droit chemin. Vous ressemblez au Moi.

En règle générale, c'est à l'adolescence que naît un vif désir de liberté. Tous les enfants, à un moment ou un autre, commencent à se sentir enfermés et quelque peu persécutés. Les parents essayent d'influencer et de protéger leurs enfants, mais il vient un moment où ces derniers n'en peuvent plus et se mettent à détester leurs parents. Ils se rebellent, même si cela leur vaut de se faire du tort. La société s'en mêle, mais les enfants perdent patience vis-à-vis de ses règles. Les gouvernements et institutions religieuses veulent les influencer d'une manière ou d'une autre. Du coup, il paraît séduisant de rompre avec tout cela, mais la plupart des gens s'attendent à ce que cette liberté leur soit donnée de l'extérieur. C'est pourtant impossible. La liberté qui compte vraiment est celle que l'on s'octroie.

C'est nous, et notre mini-gouvernement mental, qui sommes à l'origine de la tyrannie. Qui établit les règles ? Qui les fait appliquer ? Qui peut les modifier ? Le président, ou plus exactement le membre conscient de l'exécutif que nous voulons être. Nous pouvons tous abroger nos propres lois et réformer notre propre système judiciaire. À tout moment, nous pouvons nous évader de la prison que nous nous sommes construite.

Comme vous l'avez vraisemblablement compris maintenant, le Moi peut devenir un meilleur décisionnaire. Il peut être un meilleur administrateur ; ou alors, il peut se mettre de côté et devenir un ami. Si le désir est là, le Moi peut être un diplomate, un pacificateur. Au bout du compte, il peut être le sauveur que l'on cherche depuis si longtemps.

12

Le diplomate

Comme nous l'avons précédemment vu, l'humanité s'organise d'abord en familles, puis en communautés et en villes, puis en départements, en régions, et enfin en pays et en royaumes. Chaque nation a des frontières dont la fonction est de tenir à l'écart les intrus étrangers. Dans le monde entier, il existe plusieurs milliers de langues parlées, ce qui rend la communication encore plus délicate. Mais les pays doivent communiquer entre eux. Les gens doivent se rassembler et partager leurs idées. Ils doivent écouter sans juger. Tout pays a besoin de diplomates pour entrer en contact avec les autres nations. Tout pays a besoin de talentueux communicateurs et négociateurs. Et tout corps humain a besoin d'un allié.

Sous quelle forme le mental peut-il être l'allié du corps ? Il lui faut s'écouter et rejeter les pensées de haine. «Je me déteste ! » est un exemple de mauvaise communication. Qui déteste qui ? Détestez-vous votre corps ou les circonstances ? N'aimez-vous pas l'effet que vous semblez avoir sur autrui ? Quand on dit «Je te déteste ! », cela sous-entend généralement que, dans notre vie, quelqu'un ne nous obéit pas. Nous ne pouvons contrôler la plupart des gens et, d'ailleurs, il n'est pas bon de le souhaiter. Car il est probable que les gens se soient habitués à être leur propre tyran, à se contrôler strictement et à gérer leur entourage, comme vous.

Un allié ne se laisse aller ni aux ragots ni aux jugements, qui sont toxiques pour le corps. Très souvent, nos pensées nous rabaissent et nos commentaires nous rendent méfiants et craintifs vis-à-vis d'autrui. « Carla est une vraie snob », «Jimmy est un vrai con » sont des phrases qui ont pu donner l'impression que l'on était cool au lycée ; mais, aujourd'hui, où cela nous mène-t-il ? En fait, on a pris l'habitude de se plaindre. Comment le corps peut-il être heureux et confiant dans un environnement faisant la part belle aux préjugés et à la répugnance ? Juger nous rend aveugles, cela nous empêche de voir ce que sont vraiment les gens et cela éloigne nos amis. Car comment avoir confiance en quelqu'un qui juge tout avec tant de sévérité ? Et comment avoir confiance en soi ?

Au début de notre vie, nous n'étions pour la plupart pas ainsi. Nous sommes nés dans des familles où l'on nous parlait avec bienveillance. Le jour où nous avons commencé à parler, nous l'avons fait en imitant nos proches. Et nous n'avons pas tardé à découvrir que les mots nous permettaient d'obtenir ce que nous voulions. En grandissant en compagnie de plusieurs personnes habitant sous le même toit, nous avons appris à utiliser efficacement les mots pour faire connaître nos désirs. Pour maintenir la paix, nous avons dû écouter le point de vue des autres. À l'école, notre aptitude à manier les mots nous a valu de bonnes notes et de nouveaux amis. Plus tard, l'université et la société nous ont aidés à peaufiner ces capacités et à apprendre à négocier, à charmer, à avoir confiance, etc. Nous avons appris l'art de la diplomatie.

Avec un peu de diplomatie, nous nous sommes aperçus que nous pouvions trouver notre place au sein de la plupart des cercles sociaux. Cela nous a permis d'obtenir plus facilement un emploi et de garder une certaine influence. Nous avons découvert que le tact et la sensibilité pouvaient gommer les différences entre les gens et résoudre les conflits. Le respect d'autrui et des autres réalités nous a parfois sauvés.

À un moment donné, il nous a fallu apprendre un langage professionnel. Toute entreprise a des termes et des formules qui lui sont propres, et tout lieu de travail est géré par une forme de gouvernement. Chaque génération emploie les expressions idiomatiques qui lui sont propres et un bon nombre de régions ont leur propre dialecte. Dans le monde entier, les gens parlent la langue de leurs homologues, de leurs concitoyens, de leur vocation ou de leur culture.

Nous sommes tous les membres d'une espèce qui a besoin de communiquer avec des mots pour pouvoir survivre. Bien communiquer nécessite d'être disposé à reconnaître les intérêts communs et à forger des alliances. L'idéal est quand les gens ont le sentiment de pouvoir se fier les uns aux autres, et donc de pouvoir s'écouter, tomber d'accord et honorer leurs engagements. Mais si nous refusons la communication, comment éviter les hostilités ? Si nous ne respectons pas les autres cultures, comment exceller ?

Notre nature est coopérative, et l'histoire est là pour nous montrer que la coexistence pacifique est dans l'intérêt de notre espèce. Néanmoins, il arrive que les dirigeants inventent des conflits, qu'ils soient avides de pouvoir. Les nations prennent le contrôle d'autres nations. Nous observons le fonctionnement du monde politique, mais qu'en est-il de notre monde intérieur ? Comment pouvons-nous améliorer la situation de notre rêve personnel ?

Notre corps cherche la compagnie des autres corps, mais notre mental, c'est-à-dire notre gouvernement intérieur, a souvent d'autres attentes. Pour éviter de perpétuer nos luttes intestines, nous devons faire appel à notre talent de diplomate dans un autre but. Le mental doit signer un pacte avec le corps physique qu'il occupe. Il doit passer de nouveaux accords, puis les honorer. Le mental et le corps doivent s'installer ensemble à la table des négociations.

Dire « Je promets de ne pas te faire de mal » paraît étrange au début ; pourtant, c'est un message important qu'il convient d'adresser au corps. « J'ai donné la priorité à mon autosuffisance, et non à tes besoins, mais je veux m'améliorer. Je veux être ton ami, et non un tyran. » Dites plusieurs fois ce genre de phrases, et vous commencerez à prendre conscience de vos négligences et maltraitances. Vous écouterez vos pensées. Vous deviendrez un peu plus honnête avec vous-même. Vous rentrerez en contact avec un aspect de vous-même que vous avez considéré comme allant de soi tout au long de votre vie : votre corps. Tournez votre attention vers cette relation. Parlez-lui plus souvent à voix haute, afin de prendre conscience des paroles et attitudes répétitives. Avec la patience, vous commencerez à modifier la voix qui parle dans votre tête.

Le corps aussi peut jouer un rôle dans cette guérison relationnelle. Il doit apprendre à attendre avant de réagir émotionnellement à tout ce que vous dites. Donnez-lui la permission d'ignorer votre bavardage. Laissez-le tranquille. Bientôt, il s'adaptera à une forme de leadership associant maîtrise de soi et timing. Le corps humain est fait pour communiquer efficacement avec *la vie* malgré les événements qui évoluent. En devenant plus conscient, vous pouvez vous autoriser ce genre de communication. Il ne vous est alors plus nécessaire d'interférer. Par voie de conséquence, votre corps sera moins intimidé par votre gestion des situations et, avec la pratique, le mental et le corps seront sur un pied d'égalité, ce qui était l'intention première.

Lorsque le rapport entre le Moi et le corps est harmonieux, toutes nos relations s'améliorent. Nous devenons naturellement plus généreux. Nous n'avons pas à jouer de rôle. Nul besoin de nous adapter aux autres pour leur plaire. Et nul besoin d'avoir recours au mensonge et aux alibis. D'instant en instant, nous restons authentiques.

Alors, nous sommes *la vie*, nous créons de nouveaux rêves et une remarquable beauté partout où nous allons. Nous sommes également les émissaires de *la vie*, nous mettons fin aux divisions et créons des contacts entre les gens. Les meilleurs leaders sont des communicateurs francs. Ils sont en accord avec eux-mêmes. Nous pouvons tous être clairs et honnêtes avec nous-mêmes. Il n'est pas nécessaire d'accumuler de nouvelles superstitions ; de plus, on peut éliminer celles qui existent déjà. La conscience et l'authenticité sont le résultat naturel de la communication respectueuse entre le mental et le corps, afin que ce dernier puisse mieux communier avec *la vie*.

Et qu'en est-il de notre entente avec le corps et le mental des autres ? Comme pour toute relation étrangère, il est utile d'apprendre une langue que les autres gouvernements comprennent. En écoutant les autres, on commence à comprendre leur réalité et qui est aux commandes. Cela nous permet de leur parler directement plutôt que de nous adresser aux personnes que nous préférerions qu'ils soient. Durant notre enfance, le message tacite que nous transmettaient les gens qui s'occupaient de nous était : « Fais comme moi. » Aujourd'hui, véhiculez-vous le même message à votre entourage ? Vous pouvez être un meilleur diplomate avec le monde extérieur, mais il vous faut commencer à faire votre mue et à en finir avec les habitudes qui vous ont mis sur la défensive, qui vous ont rendu suspicieux et qui vous ont amené à ne pas être sincère avec vous-même. C'est votre mental qui transmet toutes les communications. Comment représenter la vérité, en ce moment même ?

Le langage employé par le mental pour s'adresser au corps est également celui que nous utilisons pour converser avec toutes les personnes que nous rencontrons. Vos paroles doivent être des ambassadrices impeccables, représentant la vérité et votre intention, à commencer par les mots que vous pensez. C'est vous qui leur donnez cette autorité, et vous seul. À l'origine, ils sont vides de sens, ils n'ont pas d'autorité propre. C'est vous qui déterminez si les mots – ne serait-ce qu'un terme tel que « moi » – sont bénéfiques à votre corps ou non. C'est vous qui choisissez les phrases et idées qui influencent votre réalité personnelle. À tout moment, vous pouvez vous demander si elles sont au service de *la vie*.

Le langage est influencé par notre intention, par notre volonté. D'un rêve très modeste, il peut faire un chef-d'œuvre. Nos idées peuvent créer dans notre vie le paradis ou bien l'enfer. Comment communiquez-vous avec vous-même ? Avez-vous pour habitude de semer l'indignation ou la peur ? Trouvez-vous des prétextes pour vous mettre sur la défensive ? Quelles sensations cela éveille-t-il dans votre corps ? Quand des messages toxiques sont adressés à voix haute, et ce fréquemment, on finit par créer en soi le besoin de reproduire les mêmes émotions qui en découlent : la colère, la déception ou l'inquiétude. En revanche, en répétant des messages positifs à l'égard de nous-mêmes et d'autrui, nous créons en nous une soif de respect.

Le respect est la solution aux problèmes de l'humanité, qu'il s'agisse de l'agitation mondiale, de bagarres sur une aire de jeux ou de l'équilibre délicat des pouvoirs au sein de notre mental. Le respect ouvre les portes de la coopération et de la compréhension, quelle que soit la culture. En respectant les autres, nous honorons leur droit d'exister. Le respect est la plus belle caractéristique de l'amour.

Nous créons tous le genre de réalité que nous pensons mériter ; mais notre corps humain mérite beaucoup mieux que ce que nous lui avons donné. Avant tout, il mérite d'éprouver le bonheur qui découle d'un mental sain et serein.

13

Paix et raison

Un gouvernement est influencé par les humeurs de ses citoyens. L'humanité dans sa globalité est guidée par l'équilibre et le calme de chacun de ses membres. Ainsi, chaque personne est un aspect essentiel du corps que représente l'humanité, et c'est à ce titre que votre évolution personnelle compte. Elle a de l'importance. La manière dont les gens se gèrent en privé a une influence à l'extérieur. La manière dont nous nous dirigeons se reflète dans la manière dont nous sommes dirigés. C'est ainsi que fonctionne le rêve humain, qui évolue selon la volonté de chaque être, avec le temps et la pratique.

Notre rêve personnel peut changer quand nous le souhaitons. Certes, cela demande quelques efforts, mais pas autant qu'il en a fallu pour devenir le tyran de notre monde intérieur. Le Moi a vu le jour quand nous avons appris à parler et, depuis, il capte toute notre attention. La plupart d'entre nous ne sauraient s'imaginer sans personnage principal. En effet, il nous paraît difficile d'imaginer que, l'espace d'un instant, notre voix intérieure cesse de bavarder dans notre tête. La plupart d'entre nous pensent que notre acharnement mental ne cessera jamais, ce qui est un problème ; mais, justement, notre mental a un talent particulier : résoudre les problèmes. En accordant une partie de notre attention à nos histoires pendant la journée, nous pouvons opérer de véritables changements. Nos pensées réagiront. Nos paroles obéiront. En dirigeant nos efforts vers la paix et le calme mental, nous pouvons être libérés du bruit.

Nous savons tous qu'il ne suffit pas que les autres veuillent que nous changions. C'est nous qui devons le vouloir. Le désir est une force motivante, un moyen de diriger consciemment l'énergie. Souvent, on pense qu'il faut attendre que le désir naisse en nous, que l'on soit d'humeur avant d'agir. Mais si l'on attendait toujours d'avoir le bon état d'esprit, rien ne changerait.

L'action est vitale pour notre évolution, de même que pour *la vie*. Nous devons en permanence grandir, changer et remettre en question nos croyances. Si la réalité était une voiture, le désir en serait la pédale d'accélération. En appuyant dessus, la voiture avance. Et plus on appuie, puis elle prend de la vitesse. Le désir engendre et dirige l'énergie ; c'est à nous de jouer avec. Et si nous ne ressentons pas de désir, à nous de le susciter. Quoi que les enseignements spirituels disent au sujet du désir, il alimente nos actes, en bien ou en mal. Il nous fait avancer dans l'une ou l'autre direction, et il est important de comprendre la différence.

Idéalement, le désir nous fait évoluer vers la passion, vers l'amour. En aimant ce que nous faisons, l'inspiration nous vient. Les événements ne vont pas toujours dans le sens de nos envies mais, si des obstacles nous ralentissent, nous pouvons changer de trajectoire. Nous pouvons rediriger nos énergies sans éprouver de rancœur ou de frustration. Il n'est pas bon de se frotter aux désirs des autres et de critiquer les autres réalités. Nous pouvons aller de l'avant et emprunter d'autres chemins, qui feront venir des opportunités inattendues.

Le désir guide notre passion et notre inspiration ; quant à cette dernière, elle mène à la créativité. Mais le désir peut également nous amener au bord du gouffre, en créant une obsession. Quand on est obnubilé par un désir, on devient fanatique, ce qui signifie que l'on veut tellement quelque chose que l'on devient aveugle au reste. Cela dépasse de loin la passion du football ou l'amour du rock punk. Qui n'a jamais été captivé par une idée, une philosophie ou une personne ? Au bout d'un temps, plus rien d'autre ne compte. Par exemple, on peut être irrésistiblement dépendant aux drogues ou à l'alcool et ignorer d'innombrables avertissements et propositions d'aide. Quelle que soit notre obsession, le risque est de perdre le contact avec nos proches ; alors, notre énergie est utilisée à mauvais escient, dilapidée.

Comment savoir si nos désirs sont inspirés ou obsessionnels ? L'inspiration permet de bâtir de nouvelles choses et de nouvelles réalités, tandis que l'obsession conduit à la destruction. Quand on est obsédé, on ne peut ni voir clair ni réagir librement. On peut ainsi faire péricliter une belle relation ou une carrière prometteuse. On peut compromettre sa santé et sa raison. En peu de temps, l'obsession anéantit notre monde et balaye une grande partie des personnes qui en font partie.

Il est aisé de devenir fanatique sans s'en rendre compte. On peut confondre cette attitude avec un enthousiasme sain jusqu'au jour où, en regardant autour de soi, on se rend compte de tout ce que l'on a perdu depuis que notre attention a dévié. Nos désirs peuvent nous emmener en terrain dangereux, mais ils peuvent également nous faire retrouver la paix et la raison. Le désir exhorte les êtres humains à la grandeur et à la créativité. Quant à la passion, elle génère des idées et des innovations ; elle attise la flamme de l'amour sentimental et scelle des unions à vie.

L'idée est de retrouver la raison. Mais est-ce pour autant que nous avons perdu la tête ? Absolument. Nous savons tous qu'il nous arrive parfois d'avoir des comportements irrationnels. Soyons aussi honnêtes que possible. Observons certaines choses que nous faisons. Nous croyons presque tout ce que nous entendons et pensons. Il est rare que nous puissions distinguer ce qui est réel de ce qui ne l'est pas. Nous vivons dans un monde composé de vrais êtres vivants, mais nous réagissons principalement à un monde virtuel. Nous laissons nos pensées influencer nos émotions. Nous jugeons, sans être prêts à être jugés. Nous prenons tout à cœur, comme s'il n'y avait que le Moi qui existait. Nous créons des hiérarchies, au sommet desquelles nous plaçons certains hommes et en bas desquelles nous en reléguons d'autres. Nous voulons l'amour, mais nous nous en servons comme d'une arme que nous retournons contre nous. Et si en plus nous sommes prêts à mépriser le corps qui a rendu tous nos rêves possibles, c'est que nous devons être fous.

Quand on sort de sa torpeur et que l'on voit les choses telles qu'elles sont vraiment, on a l'impression d'être sobre, au beau milieu d'une soirée remplie d'ivrognes. Imaginez que vous participez à une grande fête déjantée au cours de laquelle tous les invités boivent depuis longtemps. Leurs actes sont vides de sens. Leurs propos sont irréfléchis. Il commence à y avoir des ragots et le poison se répand rapidement. On pourrait dire que toute l'humanité est de la fête : les rumeurs vont bon train, les gens sont vexés et ils réagissent violemment. C'est un spectacle étrange si l'on ne boit pas.

Quand on n'est pas ivre, on a l'avantage de voir les choses telles qu'elles se passent vraiment. On se rend compte que chacun est en état d'ivresse, en pensant que les autres invités ne l'ont pas remarqué. Dans une vraie soirée, le degré de chaos dépend de la quantité d'alcool absorbée par les invités. Et, dans notre métaphore, le degré de folie dépend de la quantité d'informations erronées acceptées et intégrées par les gens. Plus ils sont superstitieux et se mentent à eux-mêmes, plus ils sombrent dans la déraison.

Les superstitions sont des croyances qui prennent le dessus sur notre raisonnement. Manifestement, c'est nous qui leur donnons une telle emprise. Si l'on croit à une idée envers et contre tout, elle influence nos pensées et notre attitude. Ainsi, être superstitieux, ce n'est pas seulement croire à des histoires à dormir debout. Chez la plupart des gens, les superstitions sont plus subtiles que cela. Par exemple, le fait de croire que les mots ont un pouvoir sur vous est une superstition ; en effet, les mots n'ont que le pouvoir que vous leur donnez. De plus, il est superstitieux de croire à tous les petits mensonges que vous vous racontez. Il est superstitieux de croire que la vie vous récompensera si vous faites une bonne action et vous punira si vous enfreignez les règles, comme le faisaient vos parents. Il est également superstitieux de penser que la vérité peut être perdue ou détruite. Enfin, il est superstitieux d'imaginer que la vérité est dissimulée à l'extérieur de nous, mystérieuse et hors d'atteinte.

La plupart des êtres humains sont sous l'influence d'une forme de superstition. Peut-être croyons-nous toujours ce que nos parents nous racontent depuis notre tendre enfance. Nous avons foi en les croyances de nos ancêtres et en celles de tout le monde. Mais, surtout, nous croyons nos propres pensées.

Les êtres humains sont des penseurs, des philosophes, et ils se servent du langage pour communiquer leurs idées. Ils utilisent des sons et des symboles pour transmettre des informations et s'éduquer. Nous sommes tous des scientifiques en quête de vérité. Bien sûr, nous nous en remettons généralement à des suppositions qui s'appuient sur les informations dont nous disposons. Nous laissons nos hypothèses nous influencer et laissons la peur nous contrôler, et même nous enivrer.

Depuis l'aube des temps, on prédit l'avenir en regardant les étoiles. Jusqu'à récemment, les êtres humains étaient presque démunis la nuit ; ils dépendaient de la lumière de la lune. Sans elle, on était incapable de chasser, de voyager ou de se battre. Une éclipse pouvait signaler la fin du monde. Toute perturbation de la nature pouvait être considérée comme une punition céleste. Apeuré, on concluait que les dieux se moquaient de nous ou que les démons contrôlaient la Terre et le ciel. Les séismes étaient perçus comme des signes du courroux d'un dieu, tandis que les inondations marquaient l'indifférence d'un autre dieu. Pour mettre fin à une sécheresse, on considérait qu'il fallait faire un sacrifice, tandis que, pour obtenir la pluie, il fallait faire un festin. Dans le rêve humain, la peur se propage tel un virus. Elle est contagieuse ; les craintes d'autrui deviennent les nôtres. Nous donnons une emprise aux idées.

Ainsi, nous attrapons des virus culturels et nous les propageons.

Mais quand on est sobre et que l'on revient à la raison, on constate que les effets des superstitions sur l'humanité sont évidents. On s'aperçoit qu'une personne fait une suggestion et que les gens réagissent comme s'il s'agissait d'une vérité. Les idées peuvent être contagieuses. Ainsi, un habile communicateur pourra influencer toute une foule. Une seule personne, réagissant avec colère et semant la peur, sera alors suivie par un millier d'autres. Il suffit d'une personne qui crie « Au feu ! » pour que cent autres paniquent. Les superstitions corrompent l'imagination humaine. Mais quand elle est dépouillée de ses superstitions, l'imagination peut donner naissance à de grandes visions. Elle encourage l'évolution, mais elle doit être préservée de l'influence de la peur.

Il n'est pas si difficile de se réveiller et de retrouver la raison. Toute cette folie peut cesser chez un rêveur, puis chez un autre. Chacun d'entre nous peut redevenir sobre et observer les fêtards qui s'enivrent. On constate alors que nombreuses sont les personnes qui choisissent délibérément de rester saoules. On s'aperçoit qu'elles sont disposées à tolérer une grande quantité de poison et on se demande : « Est-ce ainsi que je veux vivre ?

Ai-je vraiment si peur d'être conscient?» Voyant que nous sommes en état d'ivresse, nous pouvons décider de ne plus accepter les peurs et superstitions communes. On peut ainsi décider de cesser d'être dépendant des inquiétudes et des drames.

Réveillez-vous, ouvrez les yeux, regardez la vie devant vous et partout autour de vous. Servez-vous de votre attention, l'aptitude la plus remarquable de votre cerveau, pour regarder la vérité en face. Ne vous arrêtez pas aux opinions et phobies des ivrognes, même si vous en faites partie. Peut-être aimez-vous dramatiser la situation, critiquer ou vous montrer cynique. Mais ne vous laissez pas limiter par vos histoires, vos pensées et vos suppositions. Au lieu de somnoler pour éviter d'entendre le bruit, *écoutez*. Soyez attentif. Observez. Refusez les pensées qui vous rendent fou. Refusez une histoire qui vous détourne de la vérité. Car c'est vous qui avez inventé ce narrateur qui a pris l'habitude de toujours entonner la même vieille rengaine. N'écoutez pas cette voix qui résonne dans votre tête.

Voyez la peur telle qu'elle est vraiment : c'est la réaction du corps au Moi. La plupart d'entre nous passent leur vie à fuir la voix du Moi. Et si nous fuyons nos pensées, c'est parce que nous les croyons. Elles nous font peur, elles nous calomnient, mais nous ne pouvons pas nous empêcher de les croire. Servez-vous de vos sens pour contourner complètement la pensée. Jouez avec *la vie*, comme vous le faisiez avant de former un gouvernement dans votre tête, avant de créer des lois, des sanctions et un président. Tranquillisez-vous et ouvrez-vous émotionnellement. Laissez *la vie* jouer avec vous.

Peut-être serez-vous alors prêt à accepter la vérité en matière d'amour.

Demandez-vous : « Qu'est-ce que l'amour ? »

14

La troisième perle

« Qu'est-ce que l'amour ? »

Tu connaîtras l'amour quand tu prendras conscience de ce qu'il n'est pas.

Pour pleinement vous comprendre, identifiez-vous à *la vie*, à la force éternelle de l'énergie. En quoi cette prise de conscience peut-elle vous aider ? Elle donne de la perspective à tous vos efforts. Le savoir devient alors votre serviteur, et non plus votre maître. Votre réalité virtuelle devient alors une œuvre d'art ludique, et non plus une prison. Cela transforme la voix du Moi et permet de transcender le personnage principal.

Il n'y a pas à vaincre ou à remplacer le Moi. À travers vous, il peut évoluer. Mais c'est à vous de faire ce choix. Car c'est vous qui décidez de votre état d'esprit d'instant en instant. En plaçant votre attention un peu différemment, vous avez commencé à avoir une idée de ce que vous n'êtes pas. Vous vous êtes demandé : « Qu'est-ce qui est réel ? » Et vous vous êtes mis à douter de ce que vous pensez savoir. Il s'agit d'un processus qui se poursuit, s'approfondit, et qui vous conduira à de plus grandes découvertes. Mais la vérité est simple. La vérité est *la vie*, et non un système de croyances. La vérité infinie est éternelle, contrairement à votre corps et votre rêve. La vérité est une énergie, une force. Elle est ce que vous êtes vraiment.

On peut également dire que la vérité est amour.

Mais ce que la plupart d'entre nous appellent « amour » est en fait l'opposé de l'amour. Nos difficultés tiennent à ce qu'on nous apprend à aimer conditionnellement. Sachez que ce n'est pas un problème seulement individuel : il concerne toute l'humanité. Quelle que soit la culture, on nous apprend à corrompre l'amour, à nous méfier de la seule réalité qui existe vraiment : l'infinie force de *la vie*.

Nos règles et conditions déterminent notre façon d'aimer. Comme nous l'avons vu, les gens forment leur gouvernement intérieur en s'appuyant sur des lois et des sanctions qu'ils ont eux-mêmes définies. Nous prenons ces lois au sérieux et les exécutons strictement. Il n'y a là rien de bien ou de mal ; c'est un simple fait. On nous a cadrés, ce qui a influencé nos comportements. Durant l'enfance, on nous a jugés et disciplinés et, à l'âge adulte, nous avons appris à nous juger et à nous discipliner. Nous nous punissons et nous pardonnons, mais pour quel crime exactement?

Nos véritables crimes sont ceux que nous commettons à l'encontre de notre propre corps. Si vous êtes du genre tyran, à insulter votre corps, il est probable que vous traitiez autrui avec irrespect. Si vous avez tendance à vous faire du mal physiquement, il est vraisemblable que cela ne vous dérange pas de faire du mal à autrui. Dans les deux cas, c'est votre corps qui en paiera le prix.

Lorsqu'on fait du tort à autrui, cela nous revient, d'une façon ou d'une autre. En jugeant ou en étant agressifs avec autrui, nous nous infligeons des sanctions que nous ne pouvons réguler. Car la manière dont nous traitons autrui détermine la manière dont nous sommes traités. Si la société nous juge coupables, elle nous châtie. Et, là encore, le corps souffre. Quels que soient nos abus, notre organisme en pâtit.

Quand nous nous réprimandons, le corps en subit les conséquences sur le plan émotionnel. Et, bien sûr, il nous arrive de nous en vouloir. La plupart d'entre nous, à un moment ou à un autre, ont vu des gens marcher sur un trottoir en grommelant. Nous avons tous vu des gens qui étaient tellement rongés par la colère qu'ils criaient... sur personne. Mais sommes-nous tellement différents ? Souvent, nous nous crions dessus en silence. Quand nous marchons dans la rue, nous nous plaignons intérieurement, nous repensons à des conversations passées et en créons de nouvelles. Nos lèvres bougent et nos visages sont tendus. Nous pourrions téléphoner à la personne mais, en réalité, ne nous servons-nous pas d'elle comme d'un prétexte pour râler ? Quand notre voix intérieure devient insupportable, elle crie pour que le monde l'entende. Mais nul n'a vraiment envie de l'écouter et d'être témoin de son combat intérieur.

En ayant un téléphone collé à l'oreille, nous semblons moins fous et cela peut nous aider à nous sentir moins seuls ; mais nous n'avons besoin ni de téléphone ni d'ami. Si nous nous sentons parfois malheureux, c'est probablement parce que nous croyons quelque chose qui n'est pas vrai. Nous entendons notre propre voix qui nous réprimande. Alors, nous redevenons des enfants, craintifs et confus. Nous redevenons des adolescents, qui savent qu'ils vont être punis. Nous sommes un conducteur en état d'ivresse qui est sur le point de se faire arrêter et de recevoir une amende. Mais c'est notre voix qui s'exprime et, à ce titre, nous pouvons l'arrêter.

La voix du Moi nous mène en bateau depuis tellement longtemps que nous ne le remarquons presque plus. Mais, en prenant conscience de ce qu'elle nous dit, nous pouvons nous sauver. Nous pouvons retrouver un peu de raison. À tout moment, nous pouvons poliment mettre fin à la conversation que nous avons avec nous-mêmes. Comme nous le faisons au téléphone, nous pouvons expliquer que nous devons y aller. « Je file, chérie. Je t'embrasse. Bye ! » Nous pouvons le faire à tout moment, en conduisant, dans la rue, ou même quand nous essayons de nous endormir le soir. « Ciao, je dois y aller. » Puis nous raccrochons.

En poursuivant la conversation, rien ne pourra s'améliorer. Car, en laissant le poison faire son effet, nous ne pourrons guérir. En effet, aucun problème ne peut être résolu en adressant des reproches à soi-même ou à autrui. En réalité, nous devons cesser de nous malmener. Les conversations que nous avons avec nous-mêmes ne sont pas réelles, mais elles créent de vraies émotions en nous et une vraie tourmente dans notre vie.

Le problème ne vient pas de nos émotions, mais de nos pensées. Car nos émotions nous signalent ce qui se passe vraiment en nous. Quand nous ressentons de la colère, notre pouls s'accélère, notre respiration devient chaotique et nos muscles se tendent. Nos pensées engendrent des sentiments désagréables et notre corps en paie le prix. Aussi, soyons attentifs à ces signes et tirons-en les leçons. Effectivement, les émotions peuvent être perçues comme des indications à propos de notre état d'esprit. Elles nous disent que nous sommes trop durs avec nous-mêmes et que nous devons améliorer la qualité de notre message. Elles nous informent que nous sommes sur une pente glissante et que nous nous sommes trompés de soirée.

Les émotions nous rappellent que nous ne nous aimons pas et nous indiquent que nous nous sommes trop éloignés de la vérité. Parfois, nous avons du mal à mettre des mots sur cette dernière et, si nous sommes suffisamment sobres pour pouvoir être attentifs, nous pouvons en sentir la résonance. Sa vibration est celle de l'amour. Si on enlève nos paroles, nos préoccupations et nos pensées obsessionnelles, il ne reste que l'amour.

Qu'est-ce que l'amour ? C'est l'énergie de *la vie*, qui se démultiplie constamment et infiniment. Beaucoup ont appris à considérer que l'amour était une forme d'émotion parmi beaucoup d'autres. On pense qu'il a un début et une fin, comme c'est généralement le cas pour les émotions. En réalité, l'émotion est l'énergie que notre corps crée et l'amour est la somme de toutes les émotions. L'amour étant une énergie, il n'a ni début ni fin. Et l'énergie, tout comme l'amour, n'a ni attente, ni limite, ni condition. Comme toute énergie, l'amour peut être transformé, mais jamais détruit.

Au départ, l'amour inconditionnel peut paraître intimidant. On peut avoir envie de s'en éloigner. On peut douter de sa sincérité. On peut se demander pourquoi il est si naturel chez les enfants, mais pas chez nous autres adultes. On aura peut-être envie de reprocher à l'amour la souffrance et le rejet que l'on subit ; en réalité, il n'y a jamais à critiquer l'amour. Ce qui rend les choses douloureuses et compliquées, ce sont les conditions que l'on impose en matière d'amour. Nul n'a envie d'entendre : « Je t'aime, à condition que… »

« Je t'aime, à condition que tu penses et fasses comme moi. » Ou encore : « Je t'aime, à condition que tu ressentes la même souffrance que moi. » Ces phrases paraissent étranges mais, chez la plupart des gens, c'est ce genre de message qui est transmis de manière sous-jacente en amour. La condition qui est apposée réfute la vérité. « Si tu m'aimais, tu souffrirais comme moi » ; tel est le style de phrase que l'on est trop souvent tenté de dire à un être cher. « Si vraiment je comptais pour toi, tu te sacrifierais pour moi » ; on trouve souvent ce genre de sous-entendus en amour. « Si tu m'aimais vraiment, tu me le prouverais, tu en parlerais à tes amis, tu me donnerais la priorité, tu me… » Il arrive que ces phrases ne soient jamais prononcées, alors que, en réalité, c'est exactement ce qu'insinue la personne. Elles se font l'écho de la voix du personnage principal.

L'amour ne requiert pas de sacrifice. Nous sommes généreux en amour, parce que nous voulons l'être ; nous n'avons besoin de rien en échange. Il est exaltant de vivre. C'est un privilège de ressentir la force de l'amour. Tout comme *la vie*, ce dernier se suffit à lui-même. Et tout comme *la vie* et la vérité, il n'est nul besoin de prouver son existence.

Nos conditions enferment l'amour, mais c'est pourtant ainsi qu'on nous a appris à aimer. Nous gérons notre vie en conditionnant notre amour. Cela nous force à juger autrui et à nous rabaisser. Mais, comme tout crime, cela affecte d'abord notre corps. Du coup, on se sent seul et indésirable, ce qui provoque des souffrances que l'on ne sait pas guérir.

L'amour véritable commence par soi-même. Il n'est jamais trop tard pour redécouvrir son influence sur nous, pour nous poser la question : « Qu'est-ce que l'amour ? » et pour ouvrir tous nos sens à la réponse. L'amour véritable n'a rien à voir avec la vanité ou l'autosuffisance. L'amour de soi n'est pas une forme d'égoïsme. En effet, l'ego est le Moi qui cherche l'attention et l'adulation. À l'inverse, l'amour est l'énergie qui circule en nous et dans notre entourage. En le partageant, nous partageons notre force de vie. Ainsi, quand nous nous donnons de l'amour, nous reconnaissons ce que nous sommes vraiment.

Quand nous faisons preuve d'affection et de respect à l'égard de notre corps, les graines de l'amour commencent à pousser. Nous nous aimons quand nous laissons au corps le bénéfice du doute. Nous nous respectons quand nous traitons le mental comme notre création, ce qu'il est vraiment. En observant nos pensées, nous pouvons mieux comprendre le langage du mental. Nous pouvons devenir des diplomates respectueux, parlant avec douceur et encourageant notre meilleur ami pour la vie. Nous pouvons nous montrer patients et attentifs pour vivre une belle histoire d'amour.

Car votre corps est l'amour de votre vie. La relation que vous avez avec lui influence toutes vos autres relations. Aimez-vous inconditionnellement, et vous pourrez guérir les plus grandes séparations dans votre monde. Cela peut vous permettre de renouer le contact avec l'énergie qui est à l'origine de votre vie.

15

L'amour de votre vie

Votre corps physique est l'amour de votre vie, et il l'a toujours été. Vous ne trouverez jamais d'ami plus fidèle ou de partenaire plus intime. Il ressent vos pensées. Il fait de son mieux pour obéir à vos ordres. Et, si vous faites quelque chose qui lui nuit, y compris par la pensée obsessionnelle, il fera tout ce qui est en son pouvoir pour se remettre. Votre corps travaille dur pour rester en bonne santé et pour que votre vie soit plus facile à supporter. En signe de gratitude pour sa remarquable générosité, vous aurez peut-être envie, vous aussi, de faire preuve de solidarité. Vous pouvez aimer votre corps quoi qu'il arrive. Vous pouvez lui donner la priorité dans presque toutes les situations. Il peut vous falloir du temps et de l'entraînement pour bien écouter ses besoins, mais c'est surtout d'attention dont il a besoin.

Le mental a des désirs, mais non des besoins. Votre corps a-t-il besoin de se sentir important ou de colporter des ragots ? Pas du tout. En revanche, le mental est avide d'histoires. Quand on se goinfre, on ne satisfait pas le corps, mais on réconforte le mental agité. Le corps n'a pas besoin de sédation régulière ; pourtant, on prend l'habitude d'essayer de faire taire le mental en absorbant de l'alcool et des drogues. De plus, on évite de se remettre en question en jugeant autrui. On nie l'amour et le corps en souffre.

Il est naturel d'aimer inconditionnellement son corps ; pour en être certain, il suffit d'observer les jeunes enfants. Les bébés et nourrissons aiment sans honte ni contrainte. Mais, au fil du temps, les enfants apprennent à penser, à imiter les comportements des adultes et à limiter leur amour. Ils en oublient d'aimer spontanément. Mais, surtout, ils en oublient de s'aimer.

Nous avons du mal à nous en souvenir mais, bébés, quand nous sommes venus au monde, nous aimions tout ce qui concernait le corps que nous occupions. Nous aimions tout ce que nous voyions et ressentions. Quand nous sommes devenus des enfants actifs, le corps nous a fait découvrir des merveilles sur les plans physique et sensoriel. Nous nous sommes épanouis dans ce paradis avant, semble-t-il, d'en être bannis.

En grandissant, nous avons entendu de nombreuses histoires que nous avons toutes crues. Quelques-unes associaient notre corps au péché, voire à la laideur. De nombreuses histoires ont provoqué en nous de la honte. Nous avons appris à en vouloir à notre corps pour toutes les déceptions que nous traversions : « Ce n'est pas ma faute, a appris à dire le mental ; après tout, je ne suis qu'un être humain. » Mais le mental n'est pas le corps ; il est virtuel. En revanche, il régit le corps comme bon lui semble.

Combien d'entre nous ont-ils appris à aimer leur corps ? Notre état de santé fait des va-et-vient, mais l'écoute du corps est une aptitude différente. À quoi êtes-vous attentif quand vous mangez, quand vous faites de l'exercice ou quand vous vous préparez à vous endormir ? La plupart du temps, vous alimentez des regrets au sujet du passé ou des inquiétudes au sujet de l'avenir. Vous vous disputez avec des personnes qui ne sont présentes que dans votre tête. Vous angoissez pour des choses qui n'ont rien à voir avec ce qui vous arrive dans l'instant.

Votre corps physique, à l'instar d'un enfant ou d'un amoureux, a besoin de votre attention pour s'épanouir. De temps à autre, il a besoin d'un tête-à-tête. Il a besoin d'entendre votre gratitude pour tout ce qu'il fait. « Je suis grosse ! » est une phrase qui n'apporte absolument aucun réconfort, en particulier lorsqu'elle est dite avec dégoût. «Je ressemble trait pour trait à ma mère ! » est une phrase qui envoie des signaux perturbants mais, au bout du compte, la douleur liée à la déception finit par se graver dans votre corps. Notre apparence ne nous laisse pas toujours rêveurs, mais ce n'est pas la faute de notre corps.

Car, quand il se sent aimé, il scintille. Quand il sent que la vérité s'exprime dans nos actes et paroles, il est énergisé. Quand on le nourrit bien, il fonctionne bien. Quand on s'endimanche, il se pavane. Et quand on le laisse nous emmener faire une promenade, du vélo ou de la natation, il respire et bondit de joie. C'est ainsi que les choses se passent pour un animal de compagnie ; d'ailleurs, la plupart d'entre nous sont bien plus préoccupés par la santé et le bonheur de leur chat que par leur corps. Nous nous transformons en militants dès lors qu'il s'agit de nourrir sainement notre chien ou de l'emmener faire sa promenade mais, pour une raison ou une autre, nous n'arrivons pas à aimer autant notre corps.

On ne saurait imaginer à quel point notre corps est à notre service. Il compense nos écarts de conduite et va sans cesse de l'avant. Il ne tient pas compte de nos affronts et se guérit, souvent même avant que nous sachions que nous sommes malades. Les émotions sont importantes ; elles maintiennent l'état de santé et le métabolisme de l'organisme de la même manière que le climat équilibre le métabolisme planétaire. Mais le corps, qui se démène pour préserver notre état de santé, peut se laisser déborder par les drames que nous lui faisons vivre. Il doit supporter tant d'indignations, d'outrages et de peurs, mais aussi se sublimer pour se conformer à nos plus grandes joies. Il doit aller dans le sens de nos convictions et superstitions. Et il doit supporter nos théories absurdes au sujet de l'amour.

Le véritable amour est l'amour inconditionnel. Tout le reste n'en est que déformation. L'amour n'est pas une émotion, mais toute la palette des sentiments. C'est la force de *vie* ; comment lui imposer des conditions ? Le corps est notre demeure sur Terre. Il se donne à fond pour nous, et nous pouvons en faire de même. Peut-être n'avons-nous pas appris à l'aimer, mais il n'est jamais trop tard. Et même si vous aimez votre chat et votre poisson rouge plus que votre propre corps, en apprenant à connaître ce dernier, vous pourriez en tomber amoureux.

Peut-être est-il temps que vous portiez sur vous-même le regard de l'amoureux.

16

L'amour sentimental

L'amour sentimental est considéré comme une autre forme d'amour. Mais l'est-il vraiment ? Le corps de votre bien-aimé·e est pour vous le pays des merveilles, n'est-ce pas ? L'amour véritable ne voit que beauté et perfection, et l'amoureux dévoué ferait n'importe quoi pour exprimer cet amour. Si la personne que vous aimez voulait vous voir, vous réagiriez promptement. Si vous saviez que vous lui manquiez, vous prendriez le temps de l'appeler, d'aller la voir, ou tout du moins de la rassurer. Si votre bien-aimé·e se sentait négligé·e, vous le·la prendriez dans les bras ou vous lui proposeriez de sortir le soir. Vous vous excuseriez d'avoir été distrait et de n'avoir pensé qu'à vous-même.

Il en va de même pour votre corps. La plupart du temps, vous lui manquez. C'est la vérité qui lui manque. Car vous êtes distrait. Vous pensez à votre réputation et à votre statut social. Vous vous perdez dans la dernière conversation que vous avez eue ou dans la prochaine que vous aurez. Vous faites peu d'efforts pour votre corps et, souvent, vous repoussez ses limites. L'exercice physique est-il un geste d'amour ou une punition ? Qu'en est-il des régimes ? Si votre corps ne ressent pas vos jugements, il ressent votre indifférence. Où sont passées les caresses et les étreintes ? Et les fleurs, les lettres d'amour ?

L'amour de soi est un amour sentimental. Quand quelqu'un compte beaucoup pour nous, chaque geste est un acte d'amour. Quand on aime sans condition, il n'y a aucune envie d'accuser ou de détester. Notre amour ne diminue pas en réaction aux jugements prononcés à notre encontre. L'amour est notre quintessence, notre force de *vie*. Aussi, pourquoi négliger notre corps ? Laissez-le vivre la beauté et les merveilles qui vous entourent. Quand vous accueillez pleinement *la vie* et que vous appréciez votre corps pour toutes les émotions qu'il vous fait vivre, vous honorez votre ami le plus proche, le plus intime.

On se sent naturellement bien autour des personnes qui éprouvent pour elles un amour authentique. Leur compagnie est réconfortante, et même inspirante. On se sent en sécurité. Il serait merveilleux que les gens aient ces mêmes sentiments en notre compagnie. Mais cela a peu de chances d'arriver si on ne se sent pas à l'aise avec soi-même.

Encore une fois, on ne peut pas donner ce que l'on n'a pas. Si l'on n'a pas d'argent de côté, on ne peut pas partager sa richesse. Si l'on a toujours peur, on ne peut donner du courage à autrui. Il tombe donc sous le sens qu'il est difficile d'aimer autrui si l'on ne s'aime pas.

Comme pour toute histoire d'amour, l'amour de soi doit être cultivé. Comment faire en sorte d'aimer notre corps ? Bien sûr, il faut lui apporter la compagnie dont il a besoin, non seulement de la part d'autres êtres humains, mais également de la part du personnage principal de notre histoire. Le Moi doit être là en soutien. De temps à autre, il doit avoir des paroles gentilles. Avec le temps, les petits gestes d'appréciation deviennent automatiques, et on prend l'habitude de se réveiller chaque matin en murmurant des paroles d'encouragement. En se regardant dans le miroir, on se dit quelque chose de gentil. Tel un enfant ou un animal de compagnie, le corps aspire à la tendresse et à l'intimité. Il adore les gestes d'affection spontanés.

Il y a des choses que vous pouvez faire pour votre corps, dès aujourd'hui. Vous pouvez vous écrire des lettres d'amour et vous les lire à voix haute. Vous pouvez également prendre le temps de converser avec votre corps. Écoutez-le, rassurez-le.

De temps à autre, soyez là pour lui et apportez-lui de la tendresse. Placez une main sur votre joue et enveloppez votre épaule de l'autre. Enlacez-vous pendant un temps. Vous vous sentez mieux ? Bien sûr. Les câlins sont merveilleux, quoi que vous en pensiez. Peut-être est-ce la première fois depuis votre enfance que vous reconnaissez le besoin fondamental qu'a votre corps d'être touché et apprécié par vous-même.

Soyez un compagnon bienveillant pour votre corps. Faites une sieste l'après-midi, ou sortez seul pour déjeuner au calme. Allez au cinéma sans autre compagnie que vous-même. Communiez avec *la vie* en allant vous promener dans la forêt ou sur une plage. Prenez quelques instants en silence pour observer le ciel étoilé. Et privilégiez la musique ! Votre mental appréciera les paroles, tandis que votre corps se laissera emporter par le rythme, la mélodie et la résonance de *la vie*. La relation la plus importante de votre corps est celle qu'il a avec *la vie*, et non avec vos pensées obsessionnelles. Votre corps est fait de matière et d'énergie en fusion parfaite. C'est pour vous ce qu'il y a de plus réel.

Vous pouvez mieux aimer, à commencer par votre corps sans lequel vous ne pourriez vivre. Dites-lui : « Je t'aime. » Répétez-le souvent, à voix haute. Soyez sincère. Dites-le au début de la journée.

Et le soir, quand vous vous couchez, placez la main sur votre tête et dites à votre cerveau et à tout ce qui est relié à lui à quel point vous les aimez : « Je vous aime, mon cerveau, mes oreilles, mes yeux et mon nez. » Promenez votre main sur votre bouche, votre cou, votre poitrine, vos épaules. À chaque fois, nommez chaque partie de votre corps en la remerciant, sans oublier les parties que vous ne savez nommer. Incluez également vos orteils et vos pieds. Ce rituel ne prend pas très longtemps, mais ses effets sont puissants.

Au départ, tout cela pourra vous paraître étrange mais, après tout, les êtres humains adorent exprimer leur amour. Nous aimons sentir qu'il se déverse hors de nous, mais nous sommes convaincus que nul ne peut le recevoir. Quoi qu'il en soit, une chose est claire : notre corps a très envie de l'accueillir, même si le gouvernement que nous avons mis en place le réfute. Nous aimons, car l'amour est notre énergie. En disant « je t'aime », nous nous rapprochons de la vérité.

Les ébats sexuels avec un autre être humain constituent également un acte d'amour de soi, qui consiste à donner à son corps ce dont il a besoin et ce qu'il apprécie. Quand on fait l'amour, notre voix mentale se tait et nous oublions nos histoires. Le Moi n'a plus d'importance, pour un temps seulement. S'aimer provoque la même réaction énergétique.

Se donner de l'amour inconditionnel, c'est être au paradis. Vous vous souvenez ? C'est votre origine. L'amour de votre vie n'est pas votre femme, votre petit ami ou votre enfant, mais votre corps physique. Et, en aimant votre corps, il redevient possible, et même facile, d'aimer tous les êtres humains comme on était destiné à le faire.

L'amour nécessite d'écouter et de réagir avec finesse. Avant de vous laisser aller à exprimer votre colère, demandez-vous en quoi cela va affecter votre système nerveux. Réfléchissez quelques instants. Respirez. Prenez du recul et écoutez de quelle manière vous communiquez avec vous-même. Votre corps est à vos ordres. Faites-vous des accusations ? Vous prenez-vous trop au sérieux ? Si tout concerne le Moi, le moindre événement paraîtra personnel, le moindre commentaire vous mettra sur la défensive. Est-ce ce dont vous avez envie pour votre corps ?

Une chose est sûre : vous pouvez utiliser vos énergies de façon plus productive. Vous pouvez aimer sans vous soucier d'obtenir quoi que ce soit en retour. Votre corps vous en sera très reconnaissant. Vous serez surpris de découvrir que l'amour vient naturellement et vous pourriez même vous apercevoir que vous êtes très généreux et que cela suscite la gratitude chez toutes les personnes qui vous entourent. La gratitude engendre la générosité, qui elle-même génère un surcroît de gratitude. C'est une description parfaite de l'amour en action.

La gratitude et la générosité créent la relation idéale entre votre corps et votre mental. La gentillesse et l'affection stimulent tout votre organisme. Quelques louanges apportent une grande rétribution émotionnelle. Pourquoi celui qui raconte votre histoire ne s'en occuperait-il pas ?

Ne laissez pas vos pensées se dissimuler à votre conscience et rester tapies dans l'ombre, à prendre de l'ampleur jusqu'à ce qu'elles soient trop fortes pour pouvoir être contrôlées. Quand on n'est pas obligé de défendre ses opinions, on est libre d'être authentique. On est libre de dire non, sans prendre de risques. On est libre de dire oui, sans regret. On est libre d'aimer sans limites. On est libre de s'abandonner à la vie, à l'amour. En réalité, ce n'est pas le corps physique qui s'abandonne, mais bien le mental qui renonce à ses histoires. Alors, ce dernier adoucit ses lois ou s'en débarrasse totalement. Il permet à l'amour de régner, sans interférer. En fait, tout change dès lors que le personnage principal respecte et honore le corps.

Lorsque nous nous aimons complètement, nous retrouvons l'état que nous connaissions durant notre tendre enfance. Nous nous souvenons que l'amour est inconditionnel et n'a besoin d'aucune justification. Nous nous remémorons ce que cela fait d'être au paradis et n'aspirons qu'à cela. Le paradis est notre demeure et il n'est jamais trop tard pour y retourner.

17

L'amour de l'humanité

Pour retrouver le chemin de l'amour de soi, le mental doit rompre le sort qu'il a lui-même jeté. Nos croyances agissent telle une forteresse, qui nous défend contre les nouvelles idées ; mais les croyances sont de la nature de la brume, du brouillard. Quand il n'y a plus rien à défendre, il ne demeure que la vérité. Tous les grands messagers l'avaient compris. Dans leur authenticité, leur sagesse apparaissait clairement. Depuis que le monde est monde, ce sont les êtres humains les plus authentiques qui ont laissé les héritages les plus brillants.

Les sages se distinguent en remettant en question ce qu'ils savent. À un moment donné, ils décident de regarder la réalité plus en profondeur et de remettre en cause le monde qu'ils se sont créé mentalement. Ils osent voir ce qui est, et non ce qu'on leur a appris à voir. Ils s'abstiennent de raconter des histoires anciennes et de confirmer des croyances courantes. Ils refusent de laisser leur mémoire leur dicter la réalité. Ils retirent leurs œillères et commencent à cheminer vers la conscience.

La quête de la vérité est le droit de naissance de tout un chacun et, souvent, elle commence par le doute : «Je pensais me connaître mais, maintenant, je n'en suis plus sûr. Que croire ? Et pourquoi croire ?» Le doute amorce un processus d'exploration, qui nous permet d'adopter une perspective différente sur ce que l'on nous a appris à accepter : «Avant, j'avais une théorie sur la vie. Mais était-elle réelle ?»

Le doute peut démanteler une structure faite de croyances pourvu qu'on le laisse faire. À quoi cela sert-il ? L'idée est de mettre de côté ce qui n'a pas de sens pour mieux voir la vérité. Le doute nous donne la possibilité de regarder autour de nous, d'observer la soirée déjantée à laquelle nous participons et de décider quel rôle nous voulons y jouer. Il nous donne l'occasion de transformer le personnage principal, dont la voix, qui n'a peut-être pas changé depuis notre enfance, perdure dans notre tête.

Vous êtes devenu adulte. Vous n'êtes plus un enfant apeuré. Il vous faut être mature émotionnellement et spirituellement. Il vous faut être authentique, parce que vous êtes las de jouer le rôle du personnage principal. Le doute révèle vos mensonges. Il discrédite vos histoires, jusqu'au moment où vous serez prêt à faire votre mue et à avoir totalement foi en ce que vous êtes vraiment.

La solution à tout conflit est le respect. Le respect, c'est la fin de la guerre, des maltraitances et des crimes que vous avez l'habitude de commettre contre vous-même. Le respect rétablit la paix dans votre monde. En vous respectant, vous finissez par réécrire les lois qui font du tort à votre corps. Cela transformera votre Parlement et votre constitution intérieurs. Votre leadership à l'ancienne évoluera pour le bien de votre état. Il n'y aura plus d'intention confuse, car les mots, qui sont vos meilleurs ambassadeurs, transmettront un message clair. Ils réconforteront vos amis comme vos adversaires.

Le respect signifie que l'on honore le droit d'existence de toute nation, ou de tout corps, à commencer par le sien. Si les autres s'avèrent incapables de vous respecter, ils peuvent se trouver d'autres alliés. Vous n'interférerez pas avec leurs gouvernements, et réciproquement.

Le respect paraît une solution simple, mais la plupart d'entre nous n'ont pas l'habitude de l'appliquer. Nous sommes constamment sur la défensive. Aussi, il faut faire des actes délibérés d'amour de soi pour rompre avec nos habitudes. Il faut une révolution intérieure pour ne plus nous limiter à notre seule connaissance.

La Terre est le résultat de milliards d'années d'évolution. Les gouvernements mondiaux sont le résultat de milliers d'années d'évolution. Quant à votre mini-gouvernement, il a à peine votre âge ; malgré tout, vos paroles et vos actes pourraient bien avoir une influence sur les générations futures.

Songez-y quand vous vous demandez qui vous êtes et quel impact vous aimeriez avoir sur votre monde. Le président de votre petit régime peut transformer votre vie en prison ou en paradis. Chaque moment qui passe vous donne l'occasion de décider de votre style de leadership. Pour qui allez-vous voter ? Le dictateur ou le décisionnaire éclairé ? Cela fera toute la différence.

Le Moi n'est jamais le même, car notre perception de la réalité change constamment. Cela signifie que le Moi peut être aussi souple que la réalité. Il peut être le président d'une réalité globale, et non simplement d'une réalité parcellaire, constituée des aspects confortables et familiers. Le personnage principal peut sauver le corps ou le diriger de manière irresponsable. Il peut apprendre à douter des suppositions automatiques et à résister à la tentation de les reproduire. Avec la pratique, l'autosuffisance commence à paraître superficielle. L'apitoiement perd de son attrait et on cesse de prendre les choses tellement à cœur.

En ce moment même, vous êtes en train de lire ces phrases, ou on vous les lit. Cela signifie que vous convertissez des symboles oraux en images mentales. Les mots n'ont de vie que si on les lit ou on les entend. Ils sont creux tant que notre imagination ne leur donne pas vie.

Quand vous imaginez une chose, elle prend vie dans un paysage virtuel. Vous lisez, écoutez et créez un monde dans lequel vous existez. Désormais, ces mots et leur interprétation peuvent s'appliquer à vos actes. Si tel est votre choix, vous pouvez donner vie à vos idées dans le monde réel. C'est ainsi que vous avez à l'origine bâti votre réalité personnelle, en observant, en apprenant et en vous laissant guider par vos désirs. Vous avez créé une réalité à partir d'idées. Vous vous êtes servis de vos facultés – l'attention, la mémoire et l'imagination – pour devenir un être humain unique dans le rêve humain.

À l'instar d'un avatar dans un jeu vidéo, nous choisissons le personnage que nous voulons être. Nous l'habillons et l'équipons d'armes ou de stratégies de survie. À travers les siècles, nous avons eu recours aux livres, aux pièces de théâtre et aux films pour prendre plaisir à découvrir des réalités que nous ne pouvions pas incarner dans notre vie. La technologie d'aujourd'hui permet d'interagir avec les personnages que l'on crée, ainsi qu'avec ceux créés par des personnes que nous n'avons jamais rencontrées. Mais nous ne comprenons pas que nous l'avons toujours fait, sans avoir besoin de livres ou de technologies.

Dans la vie, il faut des années pour créer le personnage que l'on appelle le Moi. Nul ne naît avec une identité intellectuelle. Quand nous étions bébés, nous étions fidèles à nous-mêmes. Nous voyions, percevions et réagissions comme nous le pouvions. En apprenant à utiliser les mots et à leur donner un sens, nous avons commencé à nous décrire. Bien sûr, nous avons reçu beaucoup d'aide : notre entourage, déjà très doué pour expliquer les choses, s'est empressé de nous dire qui nous étions. Les autres nous décrivent en fonction de leurs jugements, de leurs espoirs et de la manière dont ils se perçoivent en nous.

Ainsi, petit à petit, nous commençons à imaginer le Moi. Nous savons tous que les enfants aiment jouer avec les idées qu'ils ont d'eux-mêmes. Un petit enfant peut passer toute une journée à imiter le chien, à aboyer et à supplier qu'on lui donne des friandises. Grâce à leur imagination, les enfants deviennent des chevaliers ou des princesses, se créant des environnements propices à ces rôles. Ils se bâtissent des forteresses et des châteaux. Ils imaginent des royaumes entiers et les dirigent avec confiance. Nous nous souvenons tous d'avoir joué avec des amis imaginaires mais, à l'origine, l'ami imaginaire qui nous suit partout est toujours le Moi.

Au sein des communautés, les êtres humains racontent des récits classiques de héros et de dieux. Dans l'histoire que nous nous racontons au sujet de nous-mêmes, c'est chacun d'entre nous qui est le héros, héros déchu ou sauveur. Selon notre histoire, nous sommes des vainqueurs ou des victimes persécutées. Nous semblons avoir confiance en nous ou être impuissants en fonction de l'attention dont nous avons besoin. Nos coiffures et styles vestimentaires évoluent avec le temps, mais les croyances et comportements, quant à eux, finissent par s'installer durablement, jusqu'à ce que nous choisissions de nous réveiller, de nous observer avec authenticité et de changer ce qui ne fonctionne pas.

Notre comportement habituel est dysfonctionnel quand il repousse les gens que nous aimons. Une croyance est dysfonctionnelle quand elle éveille en nous un sentiment désagréable. Une idéologie est dysfonctionnelle si elle conduit à l'obsession, à la peur ou au cynisme.

Tout au long de notre vie, nous nous servons de notre imagination pour nous définir. Aujourd'hui encore, nous pouvons y faire appel pour nous tirer vers le haut dans notre rêve. Il est important de savoir où nous en sommes et comment nous en sommes arrivés là. Pour cela, réfléchissez aux événements transformateurs de votre vie. Il ne s'agit peut-être pas de ceux qui sont représentés sur vos photos de famille. Ils vous sont peut-être arrivés quand vous étiez seul, à votre insu. Une pensée vous est venue ; l'espace de quelques instants, vous avez imaginé le monde différemment et tout a changé.

Souvent, le changement est le produit de prises de conscience subtiles. Vous lisez un livre ou regardez un film. Soudain, quelque chose modifie votre point de vue ou éveille votre curiosité. Ou alors, vous écoutez une conversation et cela vous amène à réfléchir à votre vie. Ou encore, vous entendez une chanson dont les paroles vous vont droit au cœur ; après coup, rien n'est plus pareil.

Les incidents tels que ceux-ci ont pu vous faire changer de cap dans votre vie. Ils ont pu vous emmener dans une direction nouvelle ou vous donner la direction à suivre quand vous étiez perdus. Peut-être vous conformiez-vous à des attentes ou empruntiez-vous un chemin tout tracé. Mais les événements vous ont amené à ce moment.

À chaque instant, la vie nous apporte ses enseignements. En ce sens, nous sommes tous des apprentis et nous pouvons nous créer une discipline sous une forme ou une autre. Chaque jour, nous pouvons prendre quelques minutes pour nous souvenir de la vérité, en respirant calmement, en écoutant notre voix intérieure et en ne lui donnant pas de crédit. Nos pensées traitent des événements d'aujourd'hui, d'hier et spéculent nonchalamment au sujet de ceux de demain. Elles ne nous disent rien de nouveau ou de vrai.

Les histoires que nous nous racontons au sujet de cette vie sont fictives. Et le Moi est le protagoniste de ce roman. Quand il croit ses pires histoires, ce sont la peur et la paranoïa qui règnent sur le corps. Il semble alors qu'un démon ait été lâché. Tous les récits de guerrier spirituel essaient d'illustrer ce point. Ainsi, la confrontation finale avec le Moi est l'élément clé des histoires sacrées. Par exemple, la vie du Bouddha l'illustre magnifiquement. Il faut être un maître spirituel pour dénoncer l'illusion du Moi. Par ailleurs, la rencontre entre Jésus et son Moi dans le désert est une leçon classique en matière de conscience. Votre création ne ressemblera peut-être pas à un démon ou à un saint, mais il vous faut faire des efforts pour en prendre conscience. Toutes les traditions racontent la même histoire, chacune avec ses propres symboles et personnages.

Le monde mental est bâti à partir de symboles, et il est important de distinguer en quoi chacun explique la réalité à sa manière. Il est essentiel de comprendre que le mental de chaque être humain se sert de l'imagination pour créer sa propre version de la réalité. À vrai dire, le mental crée plus exactement sa version de l'*irréalité*. Il se crée un monde virtuel. Mais il peut également le transformer. Il peut passer en revue toutes les histoires qu'il a accumulées, chercher les informations malveillantes et se corriger. Il peut mettre un terme à la stratégie qui consiste à isoler le corps humain, puis à l'aliéner et à le contrôler comme il l'entend. Les jugements et critiques peuvent disparaître, ainsi que les ragots et spéculations, tout comme les suspicions et préjugés, qui sont autant de prétextes pour ne pas aimer.

Les gouvernements ont besoin d'un système d'équilibre des pouvoirs. Malgré son importance, notre savoir personnel devrait être remis en question. Et nous devrions affronter nos peurs et y remédier. Aucune croyance ne devrait provoquer de sentiment de honte. Malgré les lois que nous avons instaurées, nous devons être libres d'aimer inconditionnellement.

18

Peur et connaissance

L'un des plus grands obstacles à l'amour est la peur. Bien sûr, quel que soit l'organisme vivant, elle est naturelle ; elle est destinée à nous alerter en cas de danger et à préserver notre vie physique. En revanche, la peur irrationnelle est différente. Il s'agit de la crainte de quelque chose qui n'existe pas. Les enfants ne savent pas faire la différence entre les peurs réelles et les peurs irrationnelles ; d'ailleurs, on peut raisonnablement dire que c'est le cas de tout un chacun. Ainsi, nous avons une pensée effrayante et le corps réagit, captant un danger véritable. On détecte la peur chez les autres et on attrape le virus. On observe leur réaction et on reproduit leur hystérie. On panique. Il est clair que *ce que nous savons* peut nous faire du mal.

Enfant, nous ne remettions pas en question ce que nous savions. Nous pouvions nommer les choses qui nous faisaient peur : le tonnerre, le noir ou les araignées poilues. On « savait » qu'il y avait au sous-sol des créatures sans nom. On savait que ces créatures étaient réelles, parce qu'elles nous terrifiaient ; et on savait qu'on était terrifié, parce qu'elles étaient réelles.

Aujourd'hui encore, nous sommes conscients que nous avons peur, et nous savons pourquoi. La connaissance provoque davantage de peur, peur qui confirme ce que nous savons. C'est un cercle vicieux. C'est pourquoi nous devons remettre en question notre connaissance. Tôt ou tard, nous devons nous confronter à notre peur. Plus nous attendons, plus la peur prend de l'ampleur.

En affrontant notre peur, la clarté se fait jour. Alors, celle-ci réduit la peur, ce qui nous permet d'éteindre la lumière dans notre chambre sans avoir à craindre les démons de la nuit ou d'éventuels monstres sous notre lit. Qu'est-ce qui est réel ? Certainement pas nos peurs irrationnelles et encore moins les histoires auxquelles nous croyons depuis si longtemps au sujet de nous-mêmes et de notre relation avec *la vie*. Prendre conscience de ce qui est *irréel* nécessite de cheminer longuement.

On sait que les croyances s'adaptent aux circonstances nouvelles ; elles changent et s'estompent. Plus on accepte qu'une croyance est un choix, moins elle a de pouvoir sur nous. Avec moins de peur, notre confiance se renforce, ce qui nous permet de mieux remettre en question nos croyances. Nous les voyons telles qu'elles sont vraiment et, instinctivement, nous savons qu'elles ne sont pas réelles. Si nous le voulons, nous pouvons nous en libérer. Nous savons également quand nous avons cessé d'avoir peur, quand nous sommes heureux ou quand nous nous sentons en sécurité. De ce point de vue, *ce que nous savons* peut également nous sauver.

D'abord, nous devons accepter d'avoir peur. Cette émotion est souvent indétectable et seuls nos actes sont indicateurs de sa présence. Pour remettre en question une peur, il faut remonter à sa source et l'observer avec plus de profondeur. Cela signifie que les excuses ne sont pas admissibles. Ce n'est pas parce que « ma maman disait toujours que… » que les croyances qui nous suivent à l'âge adulte sont justifiées. Et même si « je suis comme cela depuis mon accident », cela n'explique pas pourquoi on continue d'avoir peur et d'être malheureux. Quant à la phrase « on m'a dit que j'avais une sensibilité à fleur de peau », elle signifie généralement que l'on n'est pas parvenu à se débarrasser de ses angoisses.

On s'accroche à la peur pour de nombreuses raisons. On s'accroche à nos croyances désuètes, parce qu'on y a trouvé un certain confort. Dès lors, le changement est perturbant, car il apporte trop de surprises. En réalité, on a envie que les choses ne bougent pas, que nos phobies nous définissent. Très souvent, nous ignorons ce que nous serions sans nos peurs. Il y a aussi le fait que l'on n'ait jamais réussi à leur dire adieu.

Si nous sommes prêts à changer, il y a des choses que nous pouvons faire. Par exemple, nous pouvons être beaucoup plus honnêtes avec nous-mêmes. Nous pouvons admettre que nous sommes attachés à la peur ou à des croyances qui nous effraient. Il est souvent utile d'écouter les gens expliquer leur peur, ou de réconforter quelqu'un. Enfant, nous le faisions intuitivement, en prenant la main d'un ami sur une route la nuit ou en rassurant un chiot lors d'un orage.

On peut toujours aider un enfant à vérifier s'il y a des monstres sous son lit. Il arrive même que nous regardions nous-mêmes sous notre « lit ». On a pu imaginer le pire, pour finalement découvrir que ce dernier n'est pas si mal. On peut faire face à ses peurs par amitié. Ainsi, les amis peuvent se confronter à leurs démons intérieurs ensemble. Ils peuvent grandir et devenir plus forts en se donnant de la confiance.

La peur, quand elle n'est pas remise en question, contrôle notre vie et nos actes. On dit souvent qu'on a peur d'autrui, que cela soit de son mari, de son patron ou d'un inconnu. Dans la plupart des cas, nous avons peur de nos propres réactions, de la manière dont le Moi peut réagir dans une situation donnée. Nous craignons les choses que nous allons faire et qui risquent de nous décevoir, de nous perturber ou de nous trahir. Quelle qu'en soit la raison, nous avons peur, et la faute doit en incomber à quelqu'un.

Quand on reproche aux événements, aux gens ou à Dieu d'être à l'origine de nos problèmes, on joue le rôle de la victime. Tels les chasseurs primitifs par une nuit sans lune, on se sent impuissant face au danger. Et la colère ne nous rend pas plus capables. Quant à l'apitoiement, il ne nous vaut pas l'admiration des autres. Quand on se sépare du problème, on s'écarte de la solution. Alors que, en réalité, le problème, c'est nous. C'est nous qui créons notre confusion, même si ce n'est pas notre faute. Et nous sommes également la seule solution.

Quand nous nous réveillons et que nous y voyons clair, nous nous faisons un véritable cadeau. Agir pour adopter une nouvelle perspective nous apporte le salut. Car la conscience est le présent que *la vie* a fait aux mortels. Si Hercule a adressé des prières à Zeus pour que ce dernier lui accorde des pouvoirs, il n'en demeure pas moins que lui seul était en mesure de décider s'il voulait l'utiliser à bon escient ou non.

Quoi que nous fassions dans la vie, nous sommes tous des explorateurs en quête de vérité. Nous la cherchons en écoutant les récits classiques et les conversations courantes. Lorsque nous nous mettons au défi d'y voir clair, nous évoluons. Et l'humanité aussi, quand on remet en question ce que l'on sait. Autrefois, on croyait que c'était le Soleil qui tournait autour de notre planète. Et on était certain que, en voyageant suffisamment loin, on tomberait de la Terre. On savait ce que l'on craignait. On craignait ce que l'on savait.

Dès l'âge où nous commençons à parler et à penser, notre mental crée de belles constructions, mais il bâtit aussi des châteaux de cartes. Tout se passe bien, jusqu'au jour où nos attentes se heurtent à un mur, où nos désirs entrent en conflit avec ceux des autres, où notre immuable réalité est ébranlée. Alors, c'est la panique. C'est la fin annoncée des croyances rigides.

Quand un séisme intérieur se produit, le corps tremble et les émotions remontent à la surface. On sait tout cela pour l'avoir vécu de nombreuses fois. On affirme avoir été déçu en amour ou trahi par un ami, ce qui nous a amenés à réagir, à faire des bêtises. Et, en pensant nous aider, nos proches soutiennent nos pires histoires. Ils confirment nos pires peurs. Eux aussi sont indignés et nous suggèrent de nous venger d'une manière ou d'une autre, et nous les écoutons.

Plus nous alimentons notre histoire, plus il est difficile d'y voir clair. Moins on y voit clair, plus on a peur et plus on s'attache à nos histoires. La connaissance et la peur vont de pair. Quand notre irrationalité grandit, notre corps souffre encore plus.

Les idées désuètes et les mauvaises habitudes continueront de nous faire du tort tant que nous ne voudrons pas tourner la page. Un chagrin d'amour peut durer toute une vie si l'on ne reconnaît pas qu'il est porteur d'un cadeau. Si un amoureux nous déçoit ou nous rejette, on se sent désespéré. Si l'on doit quitter une école que l'on aime, on éprouve du chagrin. Et si une croyance vole en éclats ou si notre image d'une personne est détruite, on a le cœur brisé. Mais ce n'est pas notre cœur qui se brise, ce sont les certitudes absolues du mental. C'est le personnage principal qui est menacé, lui qui est si sûr de lui. Quand notre réalité virtuelle en prend un coup, notre corps est sous le choc.

Ce que l'on appelle un « chagrin d'amour » est en réalité le résultat d'une collision de plein fouet avec la vérité. C'est l'occasion parfaite de devenir conscient. « Cela ne s'est pas passé comme je l'avais imaginé », pourrait-on se dire. « Elle n'est pas la femme que j'imaginais. » « Il n'est pas l'homme que j'ai épousé. » Souvent, ces phrases sont dites avec tristesse et chagrin, mais ce sont des révélations importantes. Elles laissent transparaître le doute auquel est en proie le Moi, car sa réalité a été remise en cause. C'est dans ces moments-là que le mental a la possibilité de se faire face et de prendre conscience de ses illusions. Ce n'est pas l'amour qui nous fait mal. Il ne faut pas lui en vouloir de nous faire du tort, car l'amour n'est jamais un prétexte pour souffrir.

Quel que soit le drame vécu, la faute n'en incombe à personne. Il nous est donné de voir les choses telles qu'elles sont, et non pas telles qu'on a voulu les imaginer. C'est une bonne chose mais, souvent, en réaction à la déception, on devient rancunier. On s'apitoie sur son sort et on veut que tout le monde fasse de même. Cela fait du tort au corps et met une distance encore plus grande entre la réalité et celle que nous imaginons. En d'autres termes, une nouvelle fois, nous nous mentons.

Nous sommes déçus quand les autres ne sont pas à la hauteur de nos projections. Nos amis ne parviennent pas à satisfaire nos attentes et nous nous sentons trompés. Nos partenaires amoureux ne sont quant à eux pas à la hauteur de nos critères, et nous nous sentons rejetés. Les gens ne sont pas tels que nous les imaginons, mais est-ce leur faute ? C'est nous qui avons voulu les imaginer à notre manière, même si la réalité nous indiquait le contraire. Au lieu de nous apitoyer sur notre sort, nous pouvons éprouver de la gratitude, parce qu'il nous est donné de nous réveiller. Au lieu de porter notre attention sur le vide, nous pouvons penser au plein.

Nous avons tous appris à obtenir l'attention des autres en racontant une histoire intéressante. Nous apprécions tous cette attention, et un très bon moyen de l'obtenir consiste à raconter une histoire dramatique. Nous avons appris quels aspects de notre récit choisir en fonction d'un public particulier. Nous avons suscité les rires, mais aussi les larmes. Nous sommes très doués pour faire tomber les gens dans le panneau, car nous croyons à nos histoires.

Nous nous identifions à elles et, quand l'une d'entre elles est remise en question, nous nous sentons menacés. « Si cet aspect-là de moi n'est pas vrai, y en a-t-il d'autres qui ne le sont pas non plus ? » nous demandons-nous. « Si je ne suis pas moi, alors qui suis-je ? » « Si une chose est fausse, alors rien ne peut être vrai. » En entendant ces messages, le corps devient angoissé. « Mais alors, qui est aux commandes ? » serait-il en droit de se demander. « Et où allons-nous ? »

Les gens proviennent de différentes cultures, mais nous avons tous un point commun. Nous dirigeons notre précieuse énergie de manière à consolider nos croyances. Nous nous détournons de la vérité. Nous laissons la peur nous contrôler. Nous évitons les questions et donnons des alibis. Tout cela ne relève pas de la maturité spirituelle ni d'une quelconque maturité. Mais, à l'instar des enfants que nous étions autrefois, nous pouvons affronter notre peur. Nous pouvons avancer dans l'existence comme nous n'avons jamais pensé pouvoir le faire. Nous pouvons grandir.

Nous pouvons modifier nos règles de vie, car c'est nous qui les avons créées. Pour cela, nous pouvons envisager *la vie* dans sa globalité, et non pas seulement à travers le regard d'un unique personnage prévisible. Chacun peut apprendre à voir, explorer et découvrir la vérité. Tels des touristes en terre étrangère ayant soif de découvertes, nous pouvons tous prendre goût aux choses exotiques. En d'autres termes, le mental peut apprendre à avoir soif de vérité.

Mais le veut-il ? Car, tant que nous croyons être les dignes représentants de la vérité, pourquoi aspirer à autre chose ? Pourquoi ne pas rester saouls et ne pas changer ? Songez-y quelques instants.

Les ivrognes, quels qu'ils soient, ne s'aiment pas vraiment et ne voient pas grand-chose d'appréciable dans leur vie. Ils mentent à leurs proches et se trompent eux-mêmes. Mais nous-mêmes avons été des ivrognes et, aujourd'hui, nous aspirons à autre chose.

Il est vraisemblable que la plupart des ivrognes préféreraient être sobres, y voir clair, respirer de l'air frais et sentir la caresse du soleil sur leur visage. Ils préféreraient être au contact de la vérité, au lieu de se contenter de spéculer.

Ils veulent faire de leur mieux, mais comment le peuvent-ils ?

19

La paix en notre époque

Il y a une raison pour laquelle ces perles de sagesse s'expriment sous la forme de grandes questions. En effet, les questions sont des invitations, un prélude à l'action. Elles donnent la possibilité de faire tomber les barrières et les peurs liées au savoir admis.

Parfois, on entend une idée qui nous paraît étrange, mais qui a un accent de vérité. On s'enthousiasme, on veut en savoir plus. On tend l'oreille, ou on poursuit sa lecture. On réorganise sa façon de penser de manière à inclure cette perspective. Naît alors une nouvelle théorie qui nous propulse dans une aventure philosophique qui, comme toute aventure, peut susciter des peurs. Car, si l'on s'engage dans cette voie, il est presque certain que notre destination changera. Notre vision du monde en sera transformée et nous apprendrons à notre sujet des choses que nous ignorions auparavant.

Oui, cela paraît effrayant, mais en même temps exaltant.

La plupart d'entre nous adorent explorer de nouveaux mondes. C'est pour nous un vrai bonheur, tant que nous n'avons pas le sentiment de perdre le Moi. À un moment donné, il arrive à certains, dans leur quête spirituelle, de ne plus se reconnaître. C'est généralement à ce moment-là que l'on prend peur et que l'on met un terme à toute cette aventure. On renonce. On est quelque peu éméché, puis on retourne faire la fête.

Mais pour ceux qui ont la volonté de continuer, c'est alors que commence la véritable aventure. C'est alors que *la vie* se met à interagir avec nous, en nous parlant et en nous sollicitant dans nos rêves. De nouvelles informations commencent alors à survenir de partout. On lit, on entend des choses, et on réagit différemment. Tout est perçu d'un œil nouveau. Les messages inscrits sur les affiches devant lesquelles nous passons tous les jours commencent à paraître sages. À la télévision, des publicités abrutissantes révèlent tout d'un coup un savoir secret. Une conversation entendue par hasard au restaurant semble porteuse de messages profonds. Soudain, on décode les énigmes de la vie l'une après l'autre.

Comme tout scientifique en attestera, la recherche de réponses provoque des révélations inattendues. La curiosité ouvre des portes invisibles et révèle des points de vue surprenants. Au coucher, on se pose une question ; au réveil, un nouveau point de vue émerge. Ce n'est pas tant que les informations que l'on obtient soient vraiment nouvelles ; en réalité, on s'autorise subitement à les recevoir.

La vie nous transmet des informations sous forme de mots, d'images ou de chansons entendues à la radio. Elle nous transmet la vérité continuellement, inlassablement, le plus souvent sans utiliser de mots. Mais, ne parvenant pas à maîtriser notre attention, nous passons à côté d'un grand nombre d'informations. Quand nous faisons une fixation sur une chose en particulier, nous en oublions tout le reste. En revanche, quand nous accueillons une idée différente, même avec réticence, la réalité commence à changer. Notre imagination se met en marche et on entraperçoit la vérité.

On peut imaginer l'infini, l'éternité et l'immortalité. On peut ressentir toute la puissance de l'amour. On est souvent transporté en imaginant Dieu. Mais, en ouvrant les yeux, on voit Dieu ici-bas, devant nous : on voit *la vie* qui vibre partout. On voit l'amour en action partout. On ressent l'énergie. On ressent notre force éternelle et infinie à travers toute la matière.

L'art le plus raffiné que maîtrise l'humanité est celui de rêver consciemment, en utilisant le langage tout comme un artiste se sert de ses pinceaux et toiles. Nous sommes les artistes de notre rêve et, quel que soit le panorama que nous choisissons d'imaginer, nous en sommes le point focal.

Nous sommes destinés à nous réveiller et à voir les choses telles qu'elles sont vraiment tout autour de nous. Nous sommes faits pour changer et évoluer. Notre corps physique n'a de cesse de se transformer. L'énergie ne reste jamais la même. Malgré tout, nous tentons de continuer de nous définir de la même manière d'année en année, durant toute notre vie. Préférerions-nous vraiment ne pas nous réveiller ?

Nous savons tous ce que cela fait de se réveiller, puisque nous le faisons tous les matins. Alors que nos yeux sont toujours fermés, nous entendons des sons et en déchiffrons le sens. Nous écoutons et nous sentons notre corps bouger. En nous et autour de nous, nous ressentons l'énergie de façon très différente. Nous respirons en conscience ; puis nous bougeons, nous étirons et ressentons à quel point il est merveilleux d'être humain. Enfin, nous ouvrons les yeux.

Vous souvenez-vous de la toute première fois ? Il est facile de l'imaginer. C'était quand nous étions des nouveau-nés et, depuis, nous l'avons fait d'innombrables fois. À chaque fois que nous nous réveillons au sortir de la nuit ou d'une sieste, ou à chaque fois que nous sortons d'une rêverie, la possibilité nous est donnée de voir pour la première fois.

Fermez les yeux et le monde disparaît. Rouvrez-les et tout ce que vous voyez est un miracle. Tout ce que vous entendez est une vibration intime de l'énergie, un clin d'œil de la vie. Quand on est réveillé et conscient, on peut voir le monde tel qu'il est et réagir avec authenticité. N'est-ce pas plus facile que de devoir se souvenir du rôle que l'on joue à chaque instant, tous les jours?

Quand nos yeux s'ouvrent, le cerveau commence à enregistrer des images et le mental en tire des conclusions hâtives: il commence alors à se raconter une histoire. Tout cela parce que de la lumière a pénétré en nous par nos yeux. Au fond, quand on est en contact avec la matière, on ne fait que voir la lumière, toute la vie durant. Le reste est secondaire. C'est notre histoire. C'est comme un sort jeté par un magicien talentueux. Il faut un habile sorcier pour rompre le charme. Il faut quelqu'un qui ait l'envie de se réveiller, d'ouvrir ses sens et de voir.

Étant tous sous l'emprise d'un rêve permanent, nous avons tous le pouvoir de l'emmener dans une nouvelle direction. Nous pouvons en modifier le message. Ainsi, c'est la manière dont nous réagissons aux gens et aux événements qui détermine le type d'ange (au sens de messager) que nous sommes. Que nous nous sentions ange réticent, ange déchu ou ange en cours de guérison, nous apprenons à transmettre le message de la vie à travers nos paroles et nos actes. À chaque révélation, nous devenons plus conscients du message de la vie. Nous apprenons à avoir une vision plus large du monde. Notre relation à toutes choses s'enrichit.

Être en paix, c'est être libéré de toute forme de perturbation. À l'échelle mondiale, cela signifie qu'il n'existe plus de guerre entre les nations, que les différentes cultures s'entendent, que leurs traditions sont respectées et leurs croyances tolérées, et qu'un gouvernement ne cherche pas à imposer ses principes à un autre.

Le mot paix a le même sens pour vous, pour moi et pour tout un chacun. Il fait référence à la fin du chaos mental. Il indique que nous avons mis fin à nos conflits d'idées, qui provoquaient en nous confusion et agitation. On ne cherche plus à imposer ses principes à quiconque ou à manquer de respect à l'égard des croyances et traditions d'autrui. La paix que nous créons en notre époque, en notre univers, a une influence durable. Elle assure notre bien-être et celui du monde qui nous entoure.

Peut-être êtes-vous insatisfait de votre vie ou frustré à cause des circonstances. Peut-être avez-vous le sentiment de ne rien contrôler, ni vos amis, ni vos enfants, ni votre réalité. Peut-être vous demandez-vous pourquoi les gens agissent d'une certaine manière. Peut-être avez-vous pris conscience que vous ne savez pas tout et que vous ne le pouvez pas.

Le fait de ne pas savoir change la donne. Quand on renonce au besoin de savoir ou d'avoir raison, on se sent immédiatement plus léger. Lâchez prise sur vos histoires. Ce n'est pas le mental qui est aux commandes de votre vie, et tant mieux. Dès maintenant, laissez *la vie* prendre le relais.

La vie est énergie, vérité, dessein. Aucune image que vous avez de vous-même n'est à la mesure de votre énergie et de votre force véritables. Les mots, même exprimés sincèrement, ne peuvent renfermer la vérité. Vous êtes l'énergie vivante à l'intérieur d'un être humain. Vous êtes la vérité enveloppée dans une histoire fantaisiste.

En son cœur se trouve l'histoire que se raconte un mental en train de s'éveiller. Comme la plupart d'entre nous, vous ne pourrez vous percevoir différemment que quand vous vous servirez de votre attention pour élargir vos horizons. Vous ne croirez qu'un reflet, jusqu'au jour où vous apprendrez à vous contempler en chaque chose. Ayez une foi totale dans la vérité et vous sentirez que tous vos mensonges s'estompent.

La plupart d'entre nous ont confiance en la nature. Nous nous y sentons à l'aise, même dans un jardin public. Nous apprécions la compagnie désinhibée des animaux et la sérénité des arbres. Cela pourrait paraître étrange, si l'on considère que la nature peut nous faire du mal, nous violenter. Elle peut ravager une forêt ou le paysage d'une montagne. Quant aux animaux, ils salissent nos tapis et mordent nos proches. Ils sont imprévisibles et peu fiables, à de multiples égards. Mais qu'y a-t-il de si réconfortant en eux ? Pourquoi avons-nous confiance en eux ?

En réalité, nous avons foi en leur authenticité. Les animaux et les arbres ne se réfugient pas derrière une histoire. *La vie* gère les océans et les chaînes de montagnes, contrairement à nos pensées. Nous répugnons à nous considérer comme faisant partie de la nature et nous nous posons au contraire en rivaux. Nous nous considérons comme des touristes en visite dans un paysage naturel. En tant que tels, nous nous émerveillons. Nous admirons l'intelligence des arbres et la délicatesse des gouttes de pluie. Nous avons le sentiment que la mer et le ciel savent des choses que nous ignorons et que la nature dispose d'un pouvoir secret qui fait défaut chez nous.

Seuls existent *la vie* et ses innombrables points de vue. En pensant que nous sommes séparés d'elle, nous nous coupons d'elle. Il est autodestructeur de nier le pouvoir et la magie de *la vie* qui existent en nous.

Que nous l'écoutions ou pas, notre bavardage intérieur renforce le stress que vit notre corps. Il affecte notre humeur. Il influence négativement nos interactions avec autrui et nous amène à batailler tout au long de la journée. Il se passe tellement de choses dans notre tête qu'on a du mal à prendre des décisions ou à avoir des conversations claires.

Étant incapables de contenir notre histoire intérieure, nous parlons de nos problèmes, besoins et frustrations. Nous exprimons nos opinions trop bruyamment. Nous attirons l'attention de tous sur le Moi. Ce que nous pensons savoir nous consume. Ce que les autres savent nous contamine. Notre attention se tourne vers les informations qui ne sont que des spéculations, mais non vers la vérité. Notre corps devient dépendant des drames de la vie, ce qui ne fait que renforcer notre appétit de catastrophes, de ragots et de conspirations.

Intérieurement, nous nous punissons pour nos méfaits et nous nous reprochons nos revers de fortune. Nous portons le poids de nos souvenirs où que nous allions, même si ce fardeau est insupportable. Nos yeux sont tournés vers le passé et notre imagination vers le futur. Ce qui nous ferme à l'instant présent. Alors, on en oublie d'être bienveillant. On en oublie de saluer un inconnu ou d'écouter un ami. On en oublie d'être bon avec soi-même.

Mais tout cela peut s'inverser. Nous pouvons nous autoriser à donner généreusement de l'amour, car il est notre vérité. Il n'a pas de limites. C'est notre énergie. Cela ne coûte rien de nous respecter sans chercher de justification, ou de respecter toutes les personnes que nous rencontrons, toutes les formes matérielles ayant été créées à partir du même mystère. À leur naissance, tous les êtres humains sont innocents. Et nous avons tous survécu jusqu'à aujourd'hui, en nous inclinant devant des lois cachées et en résistant au bruit que font nos pensées.

Notre conception est la concrétisation d'un potentiel pur. Nous avons survécu à toutes les épreuves de l'enfance et à toutes les pressions exercées par le rêve humain. Aujourd'hui, nous sommes là, en quête d'autre chose, car nous savons que nous avons encore à apprendre. Nous sentons que nous pouvons nous améliorer.

Nous avons la chance d'avoir un cerveau et un système nerveux qui nous permettent de recevoir directement les informations que nous envoie *la vie*. D'un instant à l'autre, nous pouvons ainsi créer un monde virtuel. Celui-ci n'est pas figé ; il est fluide. Notre réalité peut être transformée ; le corps humain réagira à de nouveaux accords. Nous ne sommes pas obligés d'avoir des émotions en réaction à la maladresse de notre leadership. Nos pensées peuvent être tempérées. Chacun d'entre nous est capable de refléter la vérité par ses paroles et ses actes. Et, en toute honnêteté, c'est un superpouvoir extraordinaire.

Postface

Malgré tout son travail, le jeune garçon de notre histoire est rentré chez lui sans le moindre sou en poche. Mais telle n'était pas la raison pour laquelle il avait fait l'effort héroïque d'aider un vieil homme à réparer son chariot. En réalité, il avait agi par amour ; l'amour était sa nature véritable. Chacun de ses mots était un messager de l'amour transmis de son petit État personnel à celui d'un inconnu. Sa richesse venait du fait qu'il avait bâti un pont entre deux êtres humains.

Dans sa vie, il serait confronté à des défis. Peut-être apprendrait-il à déclencher des conflits inutiles dans sa tête. Peut-être allait-on attendre de lui qu'il participe à la soirée des ivrognes et que lui aussi impose ses croyances à autrui. Peut-être ne ferait-il jamais face à ses peurs et ne remettrait-il jamais en question son savoir. Alors, sa nature véritable pourrait se corrompre et l'amener à ne plus s'aimer.

Ou alors, il pourrait se réveiller. S'il se rappelait les propos du vieil homme, il pourrait retrouver le chemin du paradis. Il pourrait se souvenir d'aimer inconditionnellement, comme le ferait toute personne qui s'aime vraiment. Il pourrait apprendre à modeler sa réalité tel un artiste.

Dans le monde, les choses sont ce qu'elles sont, non pas parce qu'elles sont justes ou injustes. Il est naturel que nous puissions tous nous améliorer à un certain niveau pour être plus heureux. Nous pouvons nous libérer du joug de notre tyrannie et nous octroyer le sentiment de sécurité auquel nous aspirons depuis si longtemps. Mais ce n'est pas parce que nous sommes libres que les autres États le seront. Ce n'est pas pour autant que les autres dirigeants seront responsables ou conscients. Le choix de la transformation revient à chaque individu. Nous pouvons nous diriger vers l'indépendance personnelle, mais nous ne devrions pas forcer autrui à nous suivre. Notre quête de l'authenticité n'appartient qu'à nous et ne doit pas servir d'excuse pour exercer des pressions sur des membres de notre famille ou des amis proches.

À tout moment, nous pouvons nous réveiller et voir ce que nous sommes vraiment, dans son intégralité. Nous pouvons voir *la vie* telle qu'elle est et accepter tout ce que nous voyons. Nous pouvons incarner la vérité dans le monde, sans tenter de diriger les autres. Nous pouvons offrir notre présence, et non nos règles, pour montrer toute l'étendue du potentiel humain.

Nous ne sommes pas forcés de nous imaginer plus agressifs ou plus impuissants que nous ne le sommes réellement. Et même, nous serons plus heureux si nous nous abstenons de le faire. Il nous sera plus facile de gérer les surprises et les bouleversements du quotidien sans nos illusions passéistes. Quelles que soient nos épreuves, nous pouvons être reconnaissants. Quelles que soient les circonstances, nous pouvons vivre constamment au paradis. Ayant pris conscience de ce que nous ne sommes pas, nous pouvons reconnaître en chaque moment l'énergie de la vérité et le vivre pleinement. Nous pouvons percevoir les choses sous le même angle que *la vie* et nous délecter de tous les points de vue.

Il appartient à chacun d'entre nous de prendre conscience que le personnage principal de notre histoire est une œuvre fictive et de l'apprécier. Il appartient à chacun d'entre nous de créer un chef-d'œuvre en étant conscient de ce qui est. La voix du mental est faite pour évoluer. À travers la transformation du personnage principal, nous pouvons avoir une influence bienveillante sur la vie des personnes qui nous entourent. À nouveau, notre parole peut être impeccable. À travers le Moi, nous pouvons transformer notre réalité personnelle.

Je vous le demande : aidez le Moi à changer votre monde.

Composition : Soft Office

Achevé d'imprimer en octobre 2018
sur les presses de la Nouvelle Imprimerie Laballery
58500 Clamccy
Dépôt légal : octobre 2018
Numéro d'impression : 809379

Imprimé en France

La Nouvelle Imprimerie Laballery est titulaire de la marque Imprim'Vert®